초판 1쇄 발행 | 2021년 1월 4일

지 은 이 | 김민철·조병옥·김영한·이상갑
펴 낸 이 | 이한민
펴 낸 곳 | 아르카

등록번호 | 제307-2017-18호
등록일자 | 2017년 3월 22일
주   소 | 서울 성북구 숭인로2길 61 길음동부센트레빌 106-1805
전   화 | 010-9510-7383
이 메 일 | arca_pub@naver.com

홈페이지 | www.arca.kr
블 로 그 | arca_pub.blog.me
페이스북 | fb.me/ARCApulishing

책   값 | 뒤표지에 있습니다
ISBN | 979-11-89393-19-9 03230

아르카ARCA는 기독출판사이며 방주ARK의 라틴어입니다(창 6:15).
네가 만들 방주는 이러하니 … 새가 그 종류대로, 가축이 그 종류대로,
땅에 기는 모든 것이 그 종류대로 각기 둘씩 네게로 나아오리니 그 생명을 보존하게 하라 _창 6:15,20

아르카는 (사)한국기독출판협회 회원 출판사입니다.

나를
아세요?!

김민철·조병옥·김영한·이상갑 공저

"다음세대가
왜 이렇게 아파할까요?"

코로나가 터지고, 한국교회는 여러 가지 어려움에 봉착하게 되었다. 성도의 숫자가 줄고 재정이 줄었다. 그러나 정말 심각한 일은 교회 안에서 다음세대를 찾아보기가 더욱 힘들다는 것이다. 사실 이런 일이 앞으로 5년 안에, 늦어도 10년 안에 일어나리라는 예상은 했었다. 그런데 코로나 이후 그런 암흑 같은 시간이 급물살을 타고 성큼 눈앞에 다가온 듯하다. 이제는 교회마다 다음세대를 위한 목회자를 배치하기도 쉽지 않게 되었다. 다음세대 부서 사역자들이 교회 밖으로 대거 밀려나고, 다음세대 부서의 존립 여부마저 논의되고 있다. 학교와 대학 캠퍼스의 복음화율은 급락하여, 심지어 1-3퍼센트 대로 보는 경우도 있다. 교회 안도 교회 밖도 믿음의 다음세대를 눈으로 보기 쉽지 않은 형국이다. 지금까지 한국교회는, 우리는 다음세대를 어떻게 바라보고 어떻게 대하였는가?

루시 모드 몽고메리의 소설 《빨간 머리 앤》에서 '앤'은 이렇게 말한다. "린드 아주머니는 '아무것도 기대하지 않는 사람은 아무런 실망도 하지 않으니 다행이지'라고 말씀하셨어요. 하지만 저는 실망하는 것보다 아무것도 기대하지 않는 게 더 나쁘다고 생각해요."

아마도 린드 아주머니는 어떤 걸 기대했다가 크게 실망한 적이 있던 것 같다. 그래서 어른이 되어서 앤을 바라보며, 자신처럼 큰 실망을 경험하게 하고 싶지 않아 앤에게 조언해준 듯하다. 소설에 나온 이야기이지만, 오늘날에도 그렇게 다음세대를 마음 아프게 하는 말이 그들에게 전해지고 있다.

"행복하려면 돈이 많아야 해. 돈을 많이 벌려면 지금부터 공부를 잘해야 하고, 공부 잘해서 좋은 대학에 들어가야 해. 그리고 좋은 직장에 취업해야 돈을 많이 벌 수 있어. 그러면 아마 행복할 거야. 그러니 지금 놀지 말고 공부해!"

돈이 많으면 아무래도 안정적이고 좋으니 그렇게 말할 수 있다. 나중에 후회하지 않도록 지금 공부를 잘해서 미래를 준비하도록 할 필요는 있다. 그러나 이와 같은 조언을 밥 먹듯 듣고, 제대로 된 돌봄을 받지 못하며 자라는 다음세대의 상당수는 다음과 같이 말한다.

"이·생·망이에요. 이번 생은 망했어요. 부모님도 부자가 아니고, 제가 공부를 잘하는 것도 아니니, 이번 생은 망한 거 같아요."

어른들이 말하는 행복한 삶을 기대할 수 없게 된 아이들은 그렇게 무기력한 모습으로 포기하며 살아가고 있다. 이런 다음세대를 바라보면 '미운 오리 새끼'가 떠오른다. 정형화된 기대치에 맞추어 살아가지 못하는 다음세대가 더 많은 문제가 있는 것으로 여겨지는 것이다. 그러나 이 시점에 한 가지 질문을 던져볼 필요가 있다.

"다음세대가 왜 이렇게 병들고 아파할까?"

이에 대해 답하기 전에, 이 책을 읽을 모든 사람에게 다음세대를 대신하여 질문하고 싶다.

"나를 아세요?!"

교회 지도자가, 교사가, 부모가 다음세대 자체를, 그들의 현실과 속마음을 아느냐고, 이해는 하시느냐고 반문하는 것이다. 그 이유를 제대로 알지도 못하면서 쉽게 병들었다고 판단하는 건 순서가 잘못되었다는 게 이 책 제목의 의미다. 그래서 기성세대가 다음세대 '나'를 알게 되도록, 다음세대를 대신해서 4명의 저자가 펜을 들었다. 다음세대가 학교에서 왜 아픈지, 교회와 가정과 사회에서 무엇이 힘들게 하는지를 각각 대변했다. 다음세대 담당 목회자, 교회 지도자(직분자), 교사, 부모와 기타 모든 섬김이들이 이 책을 읽고, 다음세대를 좀더 제대로 이해하는 데 도움이 되기를 소망한다.

김민철, 조병옥, 김영한, 이상갑

이 책을
추천합니다

한국교회는 끊임없이 다음세대의 위기를 말한다. 다음세대를 교육할 '방법론 부재'의 위기는 아니다. 다음세대를 이해하지 못하는 기성세대(혹은 부모세대)의 '존재론 부재'의 위기다. 그들이 무슨 생각을 하고 있고, 누구인지 이해하지 못하는 것이 위기 중의 위기다. 이런 맥락에서 이 책은 부모세대에게 다음세대가 어떤 종족(?)인지 이해시켜주는 길라잡이다. 이 책을 읽으면 자신들을 이해하고 알아달라고 외치는 그들의 외침이 느껴진다. 다음세대 전문 사역자 4명의 생생한 현장 리포트 《나를 아세요?!》가 한국교회와 다음세대 교육 현장을 더욱 풍요롭게 할 것을 기대하며, 사역자와 교사뿐 아니라 이 땅의 부모들에게 기쁜 마음으로 추천한다.

— **주성하 목사,** 오륜교회 청년국장

현장에 대한 이해가 없는 상태에서 쏟아놓는 조언과 대안들은 대부분 뜬구름 잡는 이야기입니다. 말의 성찬은 화려한데 적용 가능한 건 거의 없습니다. 그러나 이 책에서는 다음세대를 위한 지적 토대를 탄탄히 준비했을 뿐 아니라 현장에 대한 시각과 감각을 예민하게 형성한 '찐' 전문가들이 한국교회의 미래세대에게 무엇을 어떻게 가르쳐야 하는지 분명하게 제시합니다. 차분히 읽어보십시오. 다음세대를 위해 어디서부터 무엇을 해야 할지, 막막하고 답답했던 것이 뚫리는 경험을 하게 되실 겁니다.

— **김관성 목사**, 행신교회 담임

유치환 시인의 '깃발'의 첫 문장은 '이것은 소리 없는 아우성'이다. 작금의 다음세대 속사정이 이와 같을 것이다. 이 책은 다음세대의 아우성을 활자로 기록하였다. 다음세대는 자신을 알리고 싶어 한다. 단지 그 방법이 서툴러 때로는 기성세대가 이해하지 못할 뿐이다.
교육이란 교육 대상을 아는 데서 시작된다. 파커 파머의 표현처럼 "안다는 것은 사랑한다는 것"이다. 다음세대는 종종 "나를 아세요?! 나에 대해서 뭘 안다고!"라고 외친다. 그렇다. 우리는 다음세대를 교육하려 들지 말고 알려고 노력해야 한다. 그 노력의 첫걸음으로 이 책을 강력 추천한다.

— **주경훈 목사**, 오륜교회 꿈미 소장

교회 안에 우리의 미래, 다음세대가 급격히 사라진다고 모두 난리다. 더 크게 염려할 건 다음세대의 목소리를 귀담아주고 진심으로 함께 아파해줄 멘토의 부재다. 가르치려는 선생은 있어도 저들의 진정한 친구는 적기 때문이다. 이 시대 교회가 깊이 고민하며 풀어야 할 중요한 숙제다. 친구는 정답을 말하는 사람이 아니라 공감이 필요한 자리에 함께 있어주는 사람이다. 이 책은 '내 아이'가 어떤 아픔을 갖고 있을지, 그들에게 정말 필요한 것이 무언인지 알려주고, 다음세대의 친구가 되려는 이들에게 길을 제시해준다. 이 책을 통해, 이 땅에 다음세대의 좋은 친구들이 곳곳마다 일어나길 기대한다.

— **반세호 목사,** 지구촌교회 대학지구

사랑한다고 말하면서 대상을 이해하지 못하면, 게다가 알려는 시도조차 않는다면 그 말은 거짓일 터. 많은 것을 가지지 못한 평범한 우리가 할 수 있는 가장 손쉬운 사랑법 역시 그 대상에 대한 이해이다. 물론 어찌 다 알 수 있겠는가? 다만 이 책의 네 명 저자가 각기 다른 상담 경험과 심리 이해, 신앙과 사역의 여러 관점을 통해 다음세대에 대해 들려주는 다채로운 얘기에 귀를 기울여보자. 확신컨대 분명 뭐 하나라도 걸릴 것이다. 그 '아는 것'으로부터 변화가 일어날 것이다. 이제는 주는 이의 입장이 아니라 받는 이의 입장에서 사랑이 이루어지길 바란다. 다음세대에겐 특히 그런 사랑이 필요하다.

— **손성찬 목사,** 이음숲교회 담임

책을 읽으면서 존 그레이 작가가 쓴 〈화성에서 온 남자 금성에서 온 여자〉 생각이 났다. 남녀가 서로 다르다는 사실을 제대로 인식한다면 상대를 잘 이해하고 사랑하게 된다는 내용이었다. 요즘은 부모세대와 다음세대도 남과 여처럼 완전히 다른 행성에서 온 사람 같다. 서로의 상황과 다름을 인정하지 않고, 각자 처지에서 불통의 소리만 내기 바쁘다. 이런 식으로 가다가는 결국 모두 '폭망'할 것이 자명하다. 이런 상황에서 이 책은 119 구급차처럼 나타나 부모세대가 다음세대를 이해하고 도와주고 상생할 수 있는 솔루션을 이야기한다. 다음세대를 진단하고 이해하고 제안하는 과정은 날카롭기도 하지만 따뜻하고 힐링이 넘친다. 나에게도 초등 5학년 자녀가 있다. 점점 외계인이 되어 가는 것 같아 내심 불안했는데, 이 책을 읽고서 속히 대화하고 함께 성장하고 싶어졌다. 이 책이 이 땅에 다음세대를 둔 모든 부모와 교사와 교역자에게 필독서가 되고 다음세대를 살리는 치료제 역할을 감당하기를 소망한다.

— 임재환 목사, 올리브선교회 공동대표

과거 세대가 많이 불렀던 "어른들은 몰라요. 아무것도 몰라요. 마음이 아파서 그러는 건데"라는 노래가 있다. 이 노래를 불렀던 이들이 자라 어른이 되어 과연 지금 다음세대의 인생 고민을 이해하고 있는지 의문이다. '개구리가 올챙이 시절 기억 못 한다'는 말처럼, 현재 올챙이 시절을 살아가는 다음세대가 어떤 고민을 하고, 오늘 어떤 마음으로 울고 있는지 모르고서 막연하게 판단하고, "요즘 것들이 뭘 알아? 원래 그땐 그런 거야! 아프니까 청춘이야"라며 너무 쉽게 말했던 건 아닌지? 《나를 아세요?!》, 오랜만에 아이들의 언어와 마음으로 쓰인 책을 보게 되었다. 어른의 생각으로 쓴 책은 많은데, 이 책은 아이 눈높이로, 아이들이 어른에게 용기를 내어 자기 마음을 들려주는 것 같다. 어쩌면 우리 아이들은 "나를 좀 아세요?"라고 단순히 반문하는 게 아니라, "나를 좀 알아주세요. 제 이야기 좀 들어주실래요?"라고 요청하고 있다. 겉으론 어른이라고 하지만 사실 '어른이'가 되어버린 부족한 모든 어른들이여, 올챙이 적을 잊지 말라고 외치는 아우성을 듣자. 지금 바로!

— 나도움 목사, 스탠드그라운드 대표

이 책의 저자들은 기존세대를 향해, 다음세대를 교육하고 훈련하고 변화시키려 하기 전에 먼저 그들을 알아야 한다고 말한다. 책을 펼치는 순간, 우리가 몰랐던 다음세대 우리 아이들의 마음이 쏟아져 나온다. 그것을 듣는 것은 늘 듣지 않고 말하던 어른에게 고통스럽게까지 느껴진다. 그렇다! 우리는 다음세대의 목소리에 늘 귀 기울이지 않았다. 우리는 언제나 듣지 않고 말했고, 우리 말은 그들에게 들리지 않았다. 말로만이 아니라 다음세대 가운데 오랜 시간 머물며 그들 마음의 소리를 들었던 저자들이, 우리 아이들이 하고 싶었던 그들 마음속 진짜 이야기를 들려준다. 그래, 먼저 듣자! 가르치기 전에 배우자! 말하기 전에 고개를 끄덕이자! 아이들에게 들리는 말을 할 수 있는 좋은 어른이 되기를 원한다면 말이다.

— **조영민 목사**, 나눔교회 담임

한국교회의 다음세대는 코로나 사태와 세속문화의 영향으로 신앙의 이탈이 가속화되고 있다. 교회가 지금 다음세대에게 온 힘을 쏟지 않으면 암울한 미래를 피해갈 수 없다. 다음세대를 잃어버리지 않기 위한 해법은 어디서 찾을 수 있을까? 교회와 가정이 다음세대를 잘 이해하고, 예수님의 사랑으로 아낌없이 공감하고 격려하는 것이다. 이런 측면에서 《나를 아세요?!》는 교회와 가정이 다음세대를 이해하고 공감하고 격려할 수 있도록 풍성한 통찰과 해결책을 제시하고 있다. 이 책을 다음세대가 어떤 고민과 아픔을 갖고 사는지를 이해하며, 공감과 격려자로 서기 원하는 부모와 교사와 교회의 지도자들에게 적극 추천한다.

— **김윤민 목사**, 새중앙교회 교회학교 총괄

차 례　　004 • 서문　　007 • 추천사

PART.1

015 • 첫번째 이야기 : 김민철 목사

"내가 학교에서 어떻게 사는지 아세요?!"

어른들에게 알려주고 싶은
아이들의 여섯 가지 속사정

PART.2

057 • 두번째 이야기 : 조병옥 목사

"내가 왜 환자 취급받는지 아세요?!"

아이들이 아플 수밖에 없는
현실의 네 가지 이유

PART.1

"내가
학교에서
어떻게 사는지
아세요?!"

어른들에게 알려주고 싶은 아이들의 여섯 가지 속사정

김민철목사

학교는 우리에게 뜨거운 감자예요

우리가 학교를 어떻게 생각하느냐고요? 수업을 마치면 친구들에게 "집에 잘 다녀와" 하고 인사하는 곳이에요. 하루의 대부분을 지내는 곳이지만, 한마디로 줄여 말하기엔 복잡한 곳이지요. 하여튼 학교는 이 시대를 사는 우리에게는 뜨거운 감자예요. 가야만 하지만 쉽게 다가가기 어려운 곳….

어른들은 학교가 인생의 중요한 시기를 사는 곳이라고 말씀하시죠. 하지만 어떤 아이에게는 시간을 낭비하는 곳이기도 해요. 어떤 아이에게는 미래의 성공을 보장하는 곳이지만 말이에요. 같은 공간이지만 아이들 입장에 따라 생각하는 바가 많이 다른 곳이 학교예요. 물론 어른들 말씀처럼 학교는 청소년의 모든 것이 담겨 있는 곳이지요. 어른이 됐을 때 가장 기억에 남는 곳일 수 있고, 아니면 가장 잊고 싶은 곳이기도 하죠.

하지만 솔직히 말하라시면, 우리는 학교에 다니는 것이 마냥 행복하지 않아요. 학교에 왜 꼭 가야 하는지도 잘 모르겠어요. 어른들은 학교가 인성을 키우고 남과 더불어 지내는 것을 배우고 미래를 준비하는 곳이라고 말하잖아요. 하지만 우리에게 학교는 대학을 준비하는 학원과 별 차이가 없어요. 왜냐고요? 학교에서도 제일 중요하게 여기는 것이 공부이고 성적으로 우리를 평가하기 때문이지요. 우리가 한우도 아닌데 왜 등급으로 평가해요? 우리는 성적이 아닌 우리 자체로 존중받고 싶거든요! 공부를 잘해야만 행복한가요? 좋은 대학 가야만 인생이 성공하는 것은 아니잖아요? 그러면 어른들은 꼭 공부 안 하는 애들이 그런 말 한다고 야단치시죠? 물론 공부 잘해서 좋은 대학 가면 부모님이 어깨에 힘주고 남들에게 자랑할 수 있겠죠. 그래도, 왜 꼭 공부해야만 하는지 잘 모르겠어요. 남들도 하니까 따라서 하는 거고, 그냥 열심히 하는 거예요.

사실, 공부가 쉽지는 않아요. 그래서 공부만 하는 학교 생활이 너무 힘들어요. 게다가 어떤 어른은 국어, 영어, 수학은 중요한데 다른 과목들은 덜 중요하다고 말하시죠. 그저 대학입시에 많은 영향력을 끼치는 과목이 중요한 과목이라고 말하시는 것 같은데, 그래도 이해 못하겠어요. 과목 중에 중요한 과목이 있고 덜 중요한 과목이 있나요?

공부가 즐겁다는 친구들도 가끔 있어요. 하지만 공부 잘하는 친구들도 학교가 마냥 좋은 건 아닌 것 같아요. 나중에 유명한 대학 가고 남들이 부러워하는 직업을 갖기 위해 그냥 열심히 하는 거예요. 즐거워서 공부하기보다 미래를 위해 해야만 하니까 하는 것이죠. 그런데 그런 친구들은 미래를 위해 현재를 포기한 것처럼 보여요. 하지만 공부 안 하면 미래를 포기하는 것 같아서 가끔 불안하기도 해요.

선생님도 교칙 지키고 교복 입으면 안 돼요?

학교 이야기가 나와서 하는 말인데요, 학교 규칙, 그러니까 교칙(校則)에 대해서도 할 말이 있어요. 교칙을 어른들 마음대로 정해놓고 왜 우리 보고만 지키라고 해요? 진짜 우리를 생각하고 만든 건가요? 교복 착용이나 스마트폰 사용 규정 등등, 왜 우리 의견은 물어보지도 않고 만들어요? 여자애들은 한겨울에 치마 입고 다니는 게 얼마나 힘든데요. 치마에 담요 덮으면 교복 규칙에 어긋난다고 하지도 못하게 해요. 학교 규칙 중에 우리에게 너무 무리한 요구가 많아요.

교칙이 누구를 위해 존재하는 건가요? 우리를 통제하기 위해서인가요? 아니면 우리가 사회생활에 잘 적응하기 위한 건가요? 하지만 우리는 지금 학교를 다니는 것이지 감옥에 있는 건 아니잖아요. 우리도 다 생각이 있어요. 생각 없이 무조건 하고 싶은 대로 하는 건 아니거든요. 우리도 선생님들이 무엇을 싫어하는지 대략 알고 있는 인간들이에요. 우리도 지킬 것은 지키고 싶어요.

학교에 대해 이렇게 짜증내는 말을 하면 부모님이 혼내세요. 공부하기 싫으니 쓸데없는 이야기 한다고요. 그래도 학교 규칙에 대해 진짜 하고 싶은 말은 우선 이런 거예요. 왜 선생님들은 학생들에게 지켜야 할 규칙이 없어요? 교무실에 학생들이 출입할 때는 단정한 차림으로 인사를 해야 예절 바른 학생이라고 해요. 하지만 선생님들은 우리가 쉬는 시간에 교실에 불쑥 들어와서 어수선한 우리를 보고 야단만 치다 가셔요.

선생님들은 전용 화장실을 만들어놓고 좀 급한 학생들이 거기 들어가면 벌점 주면서, 선생님들은 왜 학생 화장실에 그냥 들어와요? 아침마다 우리들 교복이나 외모 검사하면서, 선생님들은 왜 아무 옷이나 입고 염색도 하시나요? 선생님들도 교복을 입으면 좋겠어요. 선생님들이 학생들에게 지켜야 할 것들을 저희도 규칙으로 만들고 싶어요. 그러니까 학교 규칙을 우리도 같이 만들면 안 되나요? 그래서 교사생활기록부 만들어서 선생님들이 지키면 점수 주고 안 지키면 벌점 주고 싶어요. 될지 모르겠지만요. 아마 가망 없겠죠?

학교에서 그래도 행복할 때는

학교 다니는 것이 행복할 때도 가끔 있어요. 대표적으로 급식 시간이 그래요. 매일 등교하자마자 오늘은 어떤 음식이 나올지 기대하며 급식안내표를 살펴봐요. 좋아하는 반찬이 나오는 날은 급식 시간이 기다려져요. 급식은 중요하니까요. 심지어 중학교나 고등학교를 선택할 때 기준 중에 하나가 급식이에요. 어른들은 학교에 밥 먹으러 가느냐며 놀리시지만, 3년 동안 매일 그 점심을 먹어야 하는 우리에게는 급식이 중요하지 않겠어요? 학교도 다 잘 먹고 잘 살자고 다니는 거 아닌가요?

또 학교에서 제일 행복할 때는 마음에 맞는 친구들과 이야기할 때에요. 친구들하고 연예인 이야기나 이런 저런 이야기 하면 스트레스가 풀려요. 쉬는 시간마다 핸드폰으로 게임하는 것도 물론 행복하죠. 하지만 아무래도 하루의 대부분을 친구들과 지내다 보니 친구들과 노는 시간이 가장 즐겁죠. 학교 이야기, 집 이야기, 대학 이야기, 직업 이야기 다 좋지만, 이성 친구 이야기 나누는 게 솔직히 가장 재미있어요.

친구들도 좋지만 좋은 선생님도 많으세요. 우리에게 관심 가져주시고 친절하게 대해주시는 선생님이 좋아요. 정말 재미있게 강의하시는 선생님 시간은 기다려지기도 해요. 선생님이 좋으면 그 과목 공부도 잘 돼요. 그래서 중요 과목보다 좋아하는 선생님 과목을 더 열심히 공부하다가 점수 차이가 많이 나는 일도 있어요. 그래서 가끔은 엄마한테 혼나요. 나중에 대학 가려면 국어, 영어, 수학 점수가 좋아야 하는데 다른 과목 점수만 잘 나온다고요. 그래도 어때요? 그 선생님 수업 시간이 좋고 재미있는데요. 공부도 잘 되고요. 영어와 수학만 잘 한다고 인생 성공하는 건 아니잖아요?

우리들의 학교 생활과 우리가 어떤 생각을 하고 사는지에 대해 좀 더 알고 싶으세요? 그럼 우리들이 학교에서 생활하면서 고민하는 것 중에서 꼭 들려주고 싶은 몇 가지만 이야기할게요. 정리하니까 여섯 가지가 되네요.

모든 학교의 모습이 다 똑같진 않아요. 지역마다 학교마다, 특히 중학교와 고등학교 생활은 너무 달라요. 당연히 아이들 각각의 모습과 고민도 서로 조금씩 다르죠. 이 책을 읽으면서 '어! 이런 일도 학교에서 있어?'라고 놀라실 수 있겠지만, 그냥 이런 모습도 있다고 생각하시면 돼요. 그 속에서 사는 애들 생각은 대충 비슷하다고 보시면 될 거고요. 은어나 비속어는 삼가겠지만, 애들이 말하는 식으로 쓸 거라 말투가 약간 거칠 수 있어요. 그래도 잘 이해해주시길 부탁드려요.

첫째 속사정 :
"진짜 우리의 꿈이 뭔지 궁금해요"

공부해야만 꿈을 이룰 수 있나요?

요즘 우리는 꿈을 꼭 이루어야 한다면 돈 많은 백수나 건물주가 되고 싶어요. (그런데 참, 꼭 꿈을 가져야 하나요?)

어른들에게 받는 가장 당황스러운 질문 중 하나는 "꿈이 뭐냐?"는 거예요. 꿈이요? 우리에게 꿈은 잠잘 때나 꾸는 거예요. 또 어른들에게 가장 많이 듣는 소리 중 하나가 "미래를 위해 꿈을 꾸라"는 거죠. 어릴 때일수록 꿈이건 목표건 정확해야 인생을 행복하게 살 수 있대요. 그래서인지 학교에서는 꿈과 관련된 수업 시간이 있어요. 바로 진로 수업이에요. 그 '진로' 말고요. 학교의 진로 지도 선생님이 주로 담당하시지만 외부에서 선생님들이 오시기도 해요. 그 시간에 직업에 대한 이야기를 듣고 미래를 어떻게 준비하는지 배우기도 해요. 가장 중심이되는 내용은 미래를 위해 무엇을 하고 싶은지 스스로 생각하고 방법을 찾아가는 것이에요. 일명 꿈 찾기를 하는 것이죠. 그런데 선생님이 달라도 가르치는 내용은 너무 비슷해요. 이제는 내용을 어느 정도 외워요. 그래서 진로 시간에 검사도구 활용할 때 그냥 대충 찍기도 해요.

공부하기에 지쳐서 나를 생각할 시간도 없는데, 꿈을 생각하고 써보는 건 너무 힘들어요. 꿈꿀 시간도 없는데 꿈을 꾸라는 건 진짜 무리예요. 정말 내가 잘 하는 게 뭔지, 좋아하는 게 뭔지 잘 모르겠어요. 반면에 공부 못하는 아이들은 아예 꿈꿀 생각조차 없어요. 꿈을 이룰 수 없다고 아예 포기하기 때문이죠. 세상이 알아주는 꿈을 이루려면 돈이 많거나 공부를 잘하거나 해야 하니까요. 그러니 진로 시간이야말로 엎드려 자기 좋은 시간이에요. 그래서 어른들이 꿈을 물어보면 미래의 꿈에 대해 모른다고 하거나 아예 꿈이 없다고 답해버려요. 아직 찾지 못해서 그런 경우도 있어요. 하고 싶은 게 너무 많아 무엇을 해야 하는지 몰라서이기도 하고요, 아직 생각할 시간이 없어서 없거나 정말 모르는 경우도 있어요. 하지만, 왜 모르고 없겠어요?

우리가 나름대로 꿈을 이야기하면, 그러니까 간혹 진짜 하고 싶은 일, 가고 싶은 학과를 말하면, 어른들은 미래의 취업 가능성이나 현재의 공부 실력을 가지고 평가해요. 우선 "그쪽은 취업이 안 된다. 돈이 안 된다" 하면서 말려요. 그것(그 직업)으로는 먹고 살 수 없다는 말씀이래요. 아니면, "네 실력으론 거긴 어림도 없다. 꿈도 꾸지 마" 하고 팩트 폭격을 하시죠. 꿈도 실력이 있어야 가질 수 있고, 돈을 많이 벌 수 있어야 꿈인가요? 꿈을 꾸라면서 현실을 이야기하실 때마다 헷갈려요.

어떤 어른들은 이렇게 이야기해요. 한번뿐인 인생이니까 하고 싶은 거 하면서 살라고요. 좋아하는 거 하면서 살라는 이야기래요. 그러면서, 그런 거 하면서 살아가려면 또 공부해야 한다고 말해요. 결론은 항상 공부예요. 그래서 짜증나요. 어떤 인생을 살아야 하는지, 어떻게 살아야 좋은 것인지보다, 공부해서 좋은 대학, 좋은 직장 가는 것이 인생의 전부인 것처럼 느껴져요. 왜 꼭 공부해야만 꿈을 이룰 수 있나요? 선생님들에게 우리의 꿈을 만들어 달라는 것이 아니에요. 우리가 꿈을 생각할 수 있는 계기를 만들어주시면 좋겠다는 거예요. 공부만 꿈을 이루는 방법이 아니라, 다른 다양한 방법으로도 꿈을 이룰 수 있는 길을 알려주시면 좋겠고요. 우리가 꿈을 위해 고민할 때, 성적에 관계없이 우리 이야기를 들어주시면 더 좋겠어요.

만약 집이 엄청 부자고 미래가 확실히 보장되는 인생이라면 공부 안 할 친구들이 우리 중엔 솔직히 많아요. 집안 사정 생각해서, 미래에 그나마 조금이나마 기회를 얻을 수 있고, 하고 싶은 것을 이루려면, 할 수 있는 것은 공부 밖에 없는 것 같다는 것, 우리도 알아요. 그래서 아이들 중에는 공부해서 나중에 돈 벌면, 놀면서 하고 싶은 거 하기 위해 땅 사고 빌딩 사서 건물주 되고 싶다는 아이가 있는 것 같아요. 건물주가 되면 나오는 월세로 생활하고 그 돈에 맞추어 하고 싶은 거 다 할 수 있잖아요.

무엇보다 돈이 많으면 나중에 자기 아이들에게 해줄 수 있는 것이 많잖아요. 지금도 보세요. 집에 돈이 많으면 어릴 때부터 좋은 교육을 시킬 수 있는 기회가 많아요. 그때부터 다양한 경험을 하고 준비한 아이들과 학교에서만 평범하게 교육받은 아이들은 출발부터 차이가 나는데 어떻게 이기겠어요? 아무리 노력해도 그걸 극복하는 아이들이 이제는 생각보다 적어요. 이제는 개천에서 미꾸라지도 거의 없어요. 용은 무슨? 그냥 운명이려니 생각하고 지내는 아이들도 있어요.

경제적으로 어렵고 교육받을 기회가 적어서 부모님을 원망하는 것은 아니지만, 가끔은 짜증이 나요. 그래서 엄마한테 부잣집 자식으로 낳아주지 왜 그랬느냐고 묻고도 싶지만, 부모님도 어렵게 살고 싶어서 그러신 건 아니잖아요. 하루는 엄마한테 심술이 나서 학교 다닐 때 무슨 꿈을 꾸었는지 물어보고, 지금 그 꿈대로 살고 있냐고 물어봤어요. 하지만 대답 대신에 "딴생각 말고 공부나 열심히 해"라는 핀잔만 들었어요. 엄마도 그렇게 살지 않았으면서, 우리 보고는 학교 다닐 때 공부 열심히 해서 큰 꿈을 이루라는 건 반칙이네요.

진짜 꿈을 알고 싶어요

어떤 아이들은 건물주 될 확률은 적으니까 공무원 같은 거 하고 싶어 해요. 어릴 적부터 공부 때문에 너무 경쟁하다보니 나중에는 좀 편안하게 살고 싶어 하는 거예요. 물론 공무원 되기도 쉽지는 않죠. 공무원으로 살아가는 것이 쉽지 않다는 것도 알아요. 그래도 '잘릴' 위험 없고 꼬박 꼬박 월급 나오고 좋잖아요. 요즘 직장 구하기도 어려운데, 평생 안정적으로 살 수 있다는 게 얼마나 큰 행복이에요? 어른들이 그러는데, 공무원이나 선생님은 나중에 은퇴하고 난 후에 연금도 제법 된다고 들었어요. 좌우간 어른들 말씀은 무슨 일을 하든지 일단 경제적으로 안정된 생활을 한 뒤에, 은퇴하고 나서 하고 싶은 거 하면서 살면 좋다는 뜻 같아요. 은퇴하기 전에 돈 많이 벌어두고, 놀면서, 하고 싶은 거 하면서 살면 제일 좋겠죠. 그게 쉽지 않겠지만, 좌우간 결론은 또 돈이 많으면 좋겠네요.

가끔 세계평화를 위해, 남들 도우면서 살겠다는 아이들도 있어요. 멋진 생각이죠. 하지만 대부분의 아이들은 그런 멋진 생각보다 남들이 부러워하는 삶을 살고 싶어 해요.

진짜 자기가 하고 싶은 꿈을 찾아서 일찍부터 준비하는 친구들도 있어요. 그런 친구들 보면 부럽죠. 하지만 그런 친구들의 꿈도 대부분 일단 좋은 대학에 들어가는 것이거나 나중에 안정적인 직업을 가지고 살아가겠다는 경우가 많아요. 그러면 도전정신 없다고 어른들이 나무라기도 하지만, 경쟁하면서 피곤하게 살기에는 아이들이 너무 빨리 지쳤어요. 워낙 치열하게 경쟁해야 되고, 경쟁하기 싫으면 얻는 것도 많지 않으니, 참 미래는 골치 아파요.

어떤 어른들은 대학과 직업이 꿈의 전부는 아니라고 이야기하지만, 말뿐인 것 같아요. 우리들은 꿈을 확실하게 정하는 것도 쉽지 않지요. 대부분 어른들이 말하시는 것처럼, 돈 많이 벌면 뭐든지 할 수 있다는 이야기에 우리도 어느 정도 동의해요. 진짜 돈이 많으면 꿈도 살 수 있을 것 같아요. 그래서 어른들이 "돈! 돈! 돈!" 하시는 것 같아요. 그런데 말이에요, 또 물어보는 질문이지만, 진짜 꿈이 뭐에요? 진짜 꿈은 어떻게 꾸어야 하나요? 그리고 그게 내 꿈인지 어떻게 알 수 있죠?

어른들이 어떻게 자신의 꿈을 알았고, 그것을 위해 어떻게 준비했는지 알려주시면 좋겠어요. 제발 열심히 하다보면 된다고 막연하게 말하지 마시고요. 그런 말은 저희도 할 수 있거든요. 앞으로는 저희의 꿈을 묻기 전에, 먼저 어른들이 꿈을 이룬 것과 그 시간 동안 했던 것들을 말씀해주시면 좋겠습니다.

둘째 속사정 :
"성적이 고민이에요"

기독교와 불교보다 높은(?) 고등 종교는 대학교

교회에서 믿는 신은 하나님이지만 집과 학교에서 믿는 신은 '내신'이거든요. 그래도 우리가 하나님 믿고 교회 가는 건 좋은 것 같아요. 교회에 가면 일단 마음이 편해요. 찬양도 하고 예배도 드리고, 무엇보다 믿는 친구들끼리 모이니 말도 험하게 하지 않고, 선생님들도 친절하시고, 전도사님이나 목사님들이 잘 해주셔서 좋아요. 하나님 말씀도 배우고, 특히 찬양하면 기분이 끝내줘요. 우리는 찬송가보다 요즘 CCM이 좋아요. 공과공부 시간에 간식도 먹으면서 성경공부 하고, 이런 저런 이야기 하면 스트레스가 풀리기도 해요. 하지만 주일학교 모임 시간이 너무 짧아서 충분히 풀지 못해 아쉬워요. 그래서인지 특히 수련회가 기다려져요. 집과 학교를 떠나서, 우리들끼리 모여 예배하고 즐겁게 놀아서 좋거든요. 수련회 때 여름에는 수영장 가고 겨울에는 눈썰매장도 가서 좋지만, 그런 곳에 가기 위해 수련회가 기다려지는 것은 아니에요. 정말 하나님을 알고 싶은 마음이 커서 그래요. 수련회 저녁집회 때 찬양을 통해 은혜 받고 말씀을 듣고 하나님을 조금씩 알아가는 기쁨이 있어요.

하지만 수련회 가기도 쉽지 않아요. 우리는 수련회도 중요하지만 부모님은 학원과 성적이 더 중요하기에, 수련회 기간 동안 전부 참석하기 어려워요. 부모님들이 교회 전도사님에게 수련회 장소는 되도록 교회에서 가까운 곳을 정해달라고 부탁해요. 날짜도 학원 방학에 맞추거나 과외 옮길 수 있게 정해달라고 해요. 우리들이 학원이나 과외 시간에 맞추어서 오고 갈 수 있는 장소와 시간을 선택하도록 압력을 넣으시는 거예요. 아예 수련회에 관심 없이 우리를 학원에만 보내는 부모님도 많으시고요.

그런 분위기 때문인가요? 학교나 집에 가면 하나님보다 더 중요한 '내신'이라는 신이 있는 거예요. 엄마도 학원선생님도 우리에게 가장 중요한 것은 대학이라고 이야기해요. 하나님은 대학 들어가서 열심히 믿을 수 있고, 교회는 나중에 대학 들어가서 다닐 수 있다고 힘주어 말씀하시죠. "내신 관리 잘해야 한다. 학생부 관리 잘해야 한다." 아마 하나님보다 내신을 더 믿는 것 같아요. 그래서 가끔 헷갈려요. 학교나 집에서 어른들이 우리에게 요구하는 것을 보면 마치 교회보다 더 센 종교 기관이 대학교인 것 같아서요. 하긴 해마다 연말이 되면 종교를 초월해 모두가 한 마음이 되어서 기도하는 간절한 기도제목이 다 대학교 합격이니까요. 그때가 되면 교회나 절이나 모습이 똑같아요. 마치 모든 종교를 초월해서 연합할 수 있는 종교가 대학교 같아요. 그래서 초등학교나 중학교 때부터 열심히 공부해야 한다고 말하나 봐요.

좌우간 솔직히 잘 모르겠어요. 내 성적으로 갈 수 있는 대학이 어디이며 무엇을 해야 할지도 몰라요. 자꾸 물어보시니까 어른들이 좋아할 만한 답들을 말하지만, 자신은 없어요.

입시에서는 엄마의 정보 수집 능력과 열심, 그리고 아빠의 무관심과 할아버지의 재력이 중요하죠. 어려운 집 아이들은 상대적으로 등록금이 싼 종합반 학원을 이용하지만, 학원비에 따라 학원 수준도 차이가 나서 좋은 학원 다니기도 쉽지 않아요. 그나마 부모님이 허리띠 졸라매 보내주시는 거라 열심히 하지만, 고급 정보를 얻으며 개인지도 받는 학원에 다니는 친구를 보면 너무 샘 나요.

공부 잘하는 아이들은 실력이 있으니까 자기가 하고 싶은 걸 할 수 있겠죠. 하지만 공부와 담 쌓은 아이들은 희망이 안 보여요. 그래서 수업 시간에 '마음 놓고' 자는 거예요. 골치 아픈 공부보다 차라리 자거나 친구들과 떠드는 게 더 좋거든요. 공부하려면 골치 아프고 스트레스 받으니까, 그냥 스트레스 받지 않는 쪽으로 회피하는 거죠. 그러다 보니 선생님들은 은연중에 성적 좋은 아이와 나쁜 아이를 구분하고 차별해요. 성적이 안 좋으면 무능하거나 성실하지 않다고 생각하시는 것 같아요. 아마 선생님들은 학교 다닐 때 다들 공부를 잘해서 그러신지 모르지만, 공부 못하는 아이들의 마음을 이해 못 하시는 것 같아요. 그래서 아이들은 시험 볼 때마다 "정답에 눈길이 머무는 능력과 볼펜이 가는 곳마다 정답 되기"를 기도해요. 물론 기도대로 잘 안 되는 건 알지만, 그래도 그렇게 되면 좋겠어요.

선생님들까지 공부 열심히 하면 자기가 하고 싶은 거 할 수 있다고 이야기해요. 또 적성에 맞추어 대학 가야 나중에 후회하지 않는다고도 이야기해요. 그러면서 나중에 즐거운 일이나 행복한 일을 하라고 하시죠. 그런데 그게 어디 쉽냐고요? 진도는 공부 잘하는 아이들에게 맞춰 있어서 조금이라도 이해 안 되면 못 따라 가는데요? 열심히 하고 싶어도 이미 늦었다고 생각하는 친구들이 많아요.

결국 모든 어른들 이야기가 돈 많이 버는 게 최고라는 거 아니겠어요? 재미있는 일을 하는데 돈을 못 벌면 어떻게 계속해서 재미있을 수 있어요? 공부 열심히 해야 좋은 대학 갈 수 있고 좋은 회사에 취직할 수 있다고 하시는데, 결국 월급 많이 주는 회사에 가려면 공부해야 된다는 말이잖아요. 그게 어떻게 즐겁고 행복한 일이예요? 내가 하고 싶은 일 하는 것이 즐거운 거죠. 내 마음대로 행복하게 살 수 있는 것은 솔직히 돈은 많고 일은 많이 하지 않는 거예요.

언제 공부에서 해방될까요?

해마다 입시 끝나고 나면 자살하는 학생들이 있잖아요? 그 마음이 이해돼요. 대학이 전부라고 생각하고 몇 년을 공부만 했는데, 목표를 이루지 못하니 세상이 무너지고 인생 끝난 것 같은 기분이 들겠죠. 좋은 대학이 아니면 행복한 인생이 없을 것 같은 마음이니 허무해져서 그러는 거겠죠. 하지만 공부가 인생의 전부가 아니니까 다들 힘내서 잘 살았으면 좋겠어요. 대학도 중요하지만 우리 인생이 더 중요하잖아요.

어쨌든 여전히 현실은 또 공부하라는 거네요. 새벽에 일어나 아침도 못 먹고 학교 오면 짜인 시간표대로 수업 들어야 해요. 쉬는 시간마다 학원 숙제 하고요, 수업 마치면 자율학습 하거나, 학원 버스 타고 학원 가서 늦게까지 수업 듣고, 집에 오면 또 학교 숙제 해요. 간식 먹을 힘도 없어요. 잠자기도 바빠요. 공부와 숙제, 수행평가와 학원숙제 등등 우리는 공부기계인 것 같아요.

나중에 4차 산업혁명 때 로봇이 우리 일을 많이 한다고 들었어요. 빨리 그날이 와서 우리 대신 공부해주면 좋겠어요. 언젠가 로봇이 대신 공부하는 날이 오면 좋겠다고 했더니 선생님이 그러셨어요.

"로봇 움직이게 하려면 로봇 공부해야 된다!"

아! 언제 공부에서 해방될 수 있을까요? 가끔 그놈의 공부는 평생 원수 같아요. 나중에 커서 엄마 아빠한테 내가 겪은 거 똑같이 해주고 싶어요. 내가 얼마나 힘들었는지 체험하게 해주고 싶어서요.

셋째 속사정 :
"남에게 멋지게 보이는 것이 중요해요"

우리도 폼나게 살고 싶어요!

언젠가 '폼생폼사'라는 말을 들었어요. 폼나게 살고 폼나게 죽는다! 정말 멋진 말이에요. 학교에서 아이들도 그렇게 살고 싶어 하죠. 폼생폼사에서 중요한 것 중 하나는 교복이에요. 학교 다닐 때는 교복을 입어야 하니까요. 그래서 중고등학교 선정할 때 가고 싶은 학교의 선택 기준 중 하나가 교복이에요. 3년 동안이나 입어야 하는데 촌스러우면 솔직히 '거시기' 하잖아요. 그래서 아이들은 교복을 따로 맞춰 입든지, 치마 길이를 짧게 하거나 타이트 하게 해서 몸매가 돋보이도록 해요. 남자아이들은 바지 길이를 조절하거나 맞춤식으로 해서 좀 더 멋지게 보이려 하고요. 하지만 아직도 어떤 학교는 예전 만화영화에 나온 세일러문 같은 교복을 입어요. 아니, 지금이 어떤 시대인데 그런지 모르겠어요. 게다가 등교 시간에는 선생님들이 교복 단속하시는데, 좀 봐주시면 안 되나요? 선생님들도 옛날에 교복 입었을 때 나팔바지 입고 치마 단 고쳐 멋 내셨다고 수업 시간에 이야기하셨잖아요.

학교마다 다르지만 염색하는 아이들도 있어요. 가끔 자기 몸이 동물농장인 줄 알고 문신하는 아이도 있어요. 교복으로 폼 내기에는 한계가 있으니까요. 염색하거나 문신하는 경우는 드물지만, 아마 멋 내고 싶고 튀어 보일 수 있고, 나름 어른처럼 보일 수 있어서 그런 것 같아요. 무엇보다 연예인들이 염색할 때마다 따라 하고 싶은 충동이 많이 생겨요.

연예인 이야기가 나와서 말인데요, 학교 빠지고 연예인 스케줄 맞춰 따라다니는 아이들이 있어요. 죽을 만치 좋아해서 '사생팬'인 아이들도 제법 있어요. 연예인에게 '조공'(선물) 바치는 것이 사명인 줄 아는 아이들도 있고요. 연예인에게 그거 주려고 아르바이트도 해요. 팬클럽에 가입해서 자기가 좋아하는 연예인의 모든 것을 알고 싶어 하죠. 그러면 자기도 그 연예인이 된 것 같은 기분이 들어요.

연예인을 따라다니다 보면 가끔 학교에 빠지게 되는데요, 학교에 빠지는 아이들도 나름 이유가 있어요. 학교는 매일 갈 수 있지만 연예인은 매일 볼 수 있는 게 아니기 때문이죠. 더군다나 텔레비전에서 본 연예인이 내 눈앞에 있고, 나를 향해 손 흔들어주고 내 선물도 받아주면 "이게 행복이구나"라고 느끼게 되거든요. 게다가 공부 열심히 하라고, 건강하라고, 꿈을 이룰 수 있다고 한마디라도 해주면 원수도 사랑할 수 있을 것 같아요. 어른들이 보기에 이건 미친 짓이죠. 하지만 어른들도 우리 나이 때 비슷하지 않았나요? 아직도 우리 엄마는 HOT나 젝스키스 이야기해요. 할머니는 나훈아 할아버지 이야기 많이 하시잖아요. 그러니까 우리도 우리 나이랑 비슷한 연예인 좋아하고 그들처럼 되고 싶은 것은 본능 같아요. 그렇다고 해서 걱정은 안 하셔도 돼요. 우리도 스트레스 받으니까 그런 거죠.

우리도 알아요. 모두가 연예인이 될 수 없다는 것을요. 단지 우리도 연예인처럼 주목받고 싶을 뿐이에요. 치마 줄여서 다리 예쁘게 보이고 싶고 화장도 좀 해서 얼굴도 예쁘게 보이고 싶어해요. 다들 폼 나고 폼 재고 싶은 마음이 있는 거죠. 어른들은 다 색안경을 끼셨는지 그런 아이들이 어른들 기준에 맞지 않으면 날라리로 보세요. 하지만 그건 그냥 사람들에게 멋지게 보이고 싶은 자연스러운 감정 때문이에요.

교실에서 전자담배 인증샷?

가끔 정말 정신 나간 남자아이들도 있어요. 아빠 아이디로 집에서 몰래 야동 봤다고 자랑하는 아이들이죠. 마치 자기가 출연(?)한 것처럼 생생하게 이야기하면 생각 없는 남자아이들은 엄지 척을 날리며 존경의 눈빛으로 봐요. 사실 다 뻥인지 알면서도 그냥 속아주는 거예요. 알면서도 센 척 하기 위해서 서로 뻥치는 거 보면 참 우스워요. 그럴수록 아이들의 뻥 수위는 더 높아져요. 남자아이들은 어제 술을 몇 병 마셨다느니, 대학생 누나가 자기에게 사귀자고 고백하는 거 공부해야 된다고 거절했다느니 등등 자랑하지만 다 뻥이에요. 특히 남자아이들의 뻥이 심하죠. 심지어 누구랑 잤다면서 남자아이들에게 인정받으려고 해요. 결국 다 폼 잡으려고 그러는 거죠.

교실에서 전자담배를 피우며 인증샷을 찍는 정신 나간 아이들도 있어요. 텔레비전에 나온 연예인 모습 흉내 내면서 말이죠. 그러는 자기가 멋진 줄 알아요. 생각 없는 애들은 그 모습을 보고 '개멋지다'고 해요. 실제로 어떤 학교는 교실에서 담배 피지 말라는 포스터를 붙여놓기도 해요. 그래도 교실에서 전자담배 피다 걸린 아이 때문에 반 전체가 반성문 쓰느라고 고생했어요. 담배는 그 자식이 폈는데 우리는 그걸 보고 말리지 않아서 그냥 같이 공범이 되었던 거죠. 제발 담배는 화장실에서나 피우면 좋겠어요.

어른들은 스트레스 받으면 술과 담배로 푼다고 하면서, 공부에 스트레스 받는 아이들이 그러는 것은 무조건 안 된다고 야단만 치지 말고 잘 지도해주시면 좋겠어요. 그냥 멋있어 보이려고 호기심으로 하는 아이들도 있지만, 학교와 집에서 받는 스트레스 때문에 술담배 하는 아이들도 있거든요. 선생님에게 잔소리 듣고 스트레스 받는 아이들은 '어른들이 이래서 직장에서 담배 피우는구나'라고 공감(!)하면서 피우기도 해요. 어쨌든 학교에서 담배 피우는 건 아닌 것 같아요.

건전하게 폼이 나는 아이들도 있어요. 게임 잘하는 아이들이죠. 학교마다 게임 짱인 아이들이 있는데, 쉬는 시간에 아이들이 그 주변에 몰려들어요. 게임 할 때의 현란한 손놀림 기술을 알려줄 때 폼 나죠. 그 중엔 나중에 프로게이머를 꿈꾸는 아이들도 있어요. 돈도 많이 벌고 놀면서 재미있는 거 하니까 남자아이들은 한번쯤 생각해봐요.

더 예뻐 보이고 싶어서 다이어트, 화장해요

여자아이들 가운데엔 예쁘게 보이려고 다이어트 하는 아이들이 많아요. 몸이 이미 날씬하면서도 조금씩 먹어요. 급식 전에

배가 많이 고파서 학교 매점에서 군것질 하는 아이들도 많지만, 어떤 아이들은 급식도 다 안 먹고 다이어트 하다가 수업 중에 보건실로 가기도 해요. 그런 애들은 매점에서 수시로 먹는 아이들을 돼지 보듯 해요. 심한 아이는 인터넷 뒤져서 여러 종류의 다이어트 방법을 수집해요. 하여간 다이어트는 여자아이들의 영원한 친구 같아요.

다이어트 말이 나왔으니 하고 싶은 말이 있어요. 세상이 외모로 사람을 평가하니까 여자아이들이 어릴 때부터 화장하고 다이어트에 목매는 거예요. 심지어 밥도 안 먹고, 먹어도 화장실 가서 토하는 아이도 있어요. 어른들이 볼 때 미친 짓 같지만 여자아이들은 심각해요. 공부 못지않게 중요한 일이거든요. 왜냐고요? 예쁘면 모든 게 용서된다면서요? 다이어트해서 예뻐졌다는 소리 한번 들으면 그동안 밥 굶었던 것을 다 잊어버려요. 교복이나 일상 옷 입을 때 '옷발'이 살잖아요. 거울 볼 때 마치 연예인 된 것 같더라고요. 아이들이 살 빠졌다고 말할 때가 가장 듣기 좋고요. 이래서 연예인들이 다이어트하고 성형 효과 보고 용 된 거 볼 때마다 '꼭 다이어트 하고 성형도 해야겠다'는 생각이 들어요.

여자아이들에겐 화장품 담는 파우치가 화려할수록 인기가 높아요. 거기에 화장술까지 좋으면 여자아이들에게 인기 있죠. 조금 얌전한 선생님이 수업 시간에 들어오면 중간에 몰래 화장을 해요. 수업 시간이 달라질 때마다 아이들 얼굴이 달라지기도 해요. 어떤 아이는 아예 얼굴에 떡칠을 해요. 화장이 아니라 변장을 한다고 아이들이 놀리기도 해요. 그런 모습을 보는 선생님들은 화장한 애들 얼굴 보고서 환장하시겠대요. 그러면서 "안 한 게 예쁘다. 너희 나이에 무슨 화장이냐? 피부 썩는다"고 말씀하세요. 하지만 여학생도 여자예요. 꾸밀 권리와 의무가 있는 여자라는 것을 선생님들이 기억해주시면 감사하겠어요.

화장하는 아이들이 가끔 화장 안 하는 아이들을 은근히 왕따 시켜요. 화장 안 하는 용감한 아이들은 스스로 은따가 되요. 피부 트러블이 있는 아이들은 그래서 속상해서 울기도 해요. 그렇다고 비싼 화장품을 구입할 수도 없고요. 이번 기회에 하고 싶은 말은 한국의 화장품 매출에 지대한 영향을 끼치는 청소년들에게 좀 더 학생 할인을 해주면 좋겠어요. 너무 장사에 집중하여 대한민국 여학생들의 아름다움을 돈으로 사지 않으면 좋겠거든요.

학교에서도 어차피 아이들이 화장을 하니까 화장을 어떻게 하면 피부 상하지 않고 아름답게 할 수 있는지 전문가를 불러서 강의하게 해주면 좋겠어요. 관심도 없는 직업 체험할 시간에 그런 시간 만들어놓으면 여자아이들은 졸지 않고 아마 가장 고도의 집중력을 발휘할 거예요. 요즘 남자아이들 중에도 네일 아트나 화장에 관심 있는 아이들이 많고, 상식적으로 알아두면 여친에게 잘 해줄 수 있으니 아마 남녀통합의 시간이 될지 누가 알겠어요?

사정이 이렇다보니 자기 얼굴 보고 부모님을 원망하는 아이도 있어요. 원판 불변의 법칙이니 생긴 대로 살라며, 화장 안 하는 게 너희 때는 더 예쁘다고 하시는 선생님의 말씀이 위로가 아닌 욕으로 들려요. 왜냐고요? 그러는 선생님은 왜 화장하시나요? 남자선생님들도 화장 잘 한 여자는 성실하다고 말하신다면서요? 화장하려면 일찍 일어나야 하고 시간 내서 잘 가꾸지 않으면 엉성해지니 열심 있는 사람이 화장도 잘한다고요.

아이들이 화장하는 이유도 예뻐 보이고 싶고 얼굴이 좀 더 자신 있게 보이고 싶어서예요. 잘 보세요. 김태희 얼굴은 장난이 아닌데 여자아이들 얼굴은 장난인 경우가 많거든요. 물론 그렇게 생각하는 우리 자신도 너무 자기비하가 심하긴 해도, 여자의 변신은 무죄라면서요. 심한 경우 방학 지나고 개학할 때 얼굴이 달라져 오는 아이들도 있어요. 그럴 때마다 쌍수(쌍꺼풀 수술)라도 해야 하나 싶어 마음이 흔들려요.

좌우간 우리는 모두 이 나이가 멋지고 싶고 아름답고 싶은 시기임을 알아주시면 좋겠어요. 남자건 여자건 우리 나이 때부터 멋에 대해 알기 시작하는 것은 자연스럽다는 것도 알아주세요. 씻지도 가꾸지도 않고 짐승처럼 하고 학교 다니면서 공부만 하는 것은 젊음과 아름다움에 대해 죄 짓는 거라 생각해요.

좌우간 우리 시기는 좌충우돌해도 성장하는 시간이니 이해해 주세요.

"우리도 이성에 관심이 아주 많아요"

사랑하기 딱 좋은 나인데, 문제는 아직 모태솔로라는 거!

어른들은 우리가 공부만 하기 원하지만, 우리도 본능적으로 이성에 대해 관심을 가질 나이잖아요. 그래서 짐승처럼 보이던 남자아이들이 멋지게 보이고 친구로만 봤던 여학생이 예쁜 여자로 보일 때가 있어요. 어른들만 콩깍지가 있는 것이 아니에요. 우리도 다 연애감정이라는 것이 있다고요!

연애하고 싶다고 다 연애하는 것은 아니에요. 공부만 하는 애들도 연애는 하고 싶지만 참는 경우가 많아요. 대부분의 아이들은 이성과 남사친, 여사친을 넘어서 연인 관계를 맺고 싶어해요. 그렇지만 연애하고 싶어도 되지 않는 아이들이 더 많지요. 그래서 호시탐탐 아이들의 연애사에 관심이 많죠.

친구들이 모태솔로라고 놀릴 때가 가장 기분 나빠요. 매력적이지 않게 낳아준 부모님이 원망스럽기도 하구요. 무엇보다 가장 자존심 상하는 것은 나보다 못 생기고 뚱뚱한 아이들도 연애를 하는 거예요. 어떤 애들은 몇 번이나 애인을 바꿀 동안 나는 한 번도 못해 봐서 한심해요. 요즘은 초등학생도 연애를 하는데 말이죠. 그렇다고 아무하고나 사귈 수도 없고 말이에요.

가장 재수 없는 게 쉬는 시간마다 복도나 빈 교실에서 포옹하는 아이들이예요. 가끔 선생님이 지나가다 보시고 혼내기도 하시지만, 아이들은 선생님이 지나가고 나면 다시 자석처럼 붙어요. 겨울에는 이해해주겠는데 한 여름에도 그러는 건 무슨 경우인지 모르겠어요. 덥지도 않은가 봐요. 하긴 아무리 더워도 지들 좋으니까 그러는 거겠죠. 그런 아이들은 볼 때마다 부럽기도 해요. 하지만 그래도 학교인데 좀 심한 거 아닌가요? 그런 아이들은 포옹하다가 더위 왕창 먹고 온몸에 땀띠로 도배되면 좋겠어요. 피부병이나 걸리면 가장 좋겠고요. 진짜 찐한 이야기도 많거든요. 어른들이 알면 깜짝 놀랄만한 이야기요. 하지만 여기서는 정신건강상 더 이상은 안 할게요. 대부분의 아이들은 그래도 건전하니까요.

가장 한심할 때가 짝사랑할 때에요. 남들은 잘하는 연애인데 왜 혼자 낑낑대야 하는지 모르겠어요. 그러는 자신이 한심해서 그냥 공부나 열심히 하려고 할수록 자꾸 그 아이가 생각나는데, 어떻게 하란 말이죠? 엄마한테 이야기하면 밥주걱으로 맞을 것 같아서 이야기 안 해요. 여자아이들은 엄마한테 털어놓기도 한다는데, 남자아이들은 절대 비밀이죠.

제일 들키고 싶지 않은 것이 선생님을 짝사랑하는 거예요.

내가 좋아하는 선생님은 대개 다른 아이들도 좋아하더라고요. 특히 총각 처녀 선생님들은 인기가 많아요. 안 되는 줄 알면서도 못 먹는 감 찔러라도 본다고, 나중에 어떤 결과가 나올지 모른다며 소신껏 짝사랑하는 아이도 있어요. 그래도 이런 건 학창시절의 추억이니 너무 걱정 안 하셔도 될 것 같아요.

어떤 아이는 짝사랑의 장점을 살리기도 해요. 상대방을 마음대로 바꿀 수 있어서 좋다는 아이도 있어요. 학교 아이나 교회 선후배, 심지어는 연예인까지 자기 취향에 따라 바뀌죠. 짝사랑에서 진짜 사랑으로 나아가는 비법을 '전문가 아이들'에게 물어보지만, 속 시원하지는 않아요. 특별한 기술보다는 어른들처럼 운명적인 것을 강조하죠. 지들이 얼마나 선수라고 뻐기는지 눈꼴사나워서 할 말이 없어요. 그저 부모 잘 만나서 조금 예쁘고 잘 생겼다고 잘난 척 하는 거예요.

공부하면서 건전하게 연애하는 방법 없나요?

정말 웃긴 것은 삼각관계예요. 가끔 정신없는 애들이 어장관리 한다며 여기저기 걸치면서 저울질해요. 그런 아이들은 나중에 걸리면 애들에게 찍히죠. 가장 나쁜 짓은 친구의 애인을 뺏는 거예요. 아무리 무한자유경쟁시대라고 하지만, 그건 아니잖아요. 연애에도 지켜야 할 예의가 있는 거 아닌가요? 하지만 아이들은 금방 잊어먹고 또 연애해요. 연애 좋아하는 아이들 보면 학교에 연애하러 온 것 같기도 해요.

그래서일까요? 시도 때도 없이 마음에 드는 아이들이 있으면 무조건 고백부터 하는 '고백머신'도 있고요, 금세 사랑에 빠지는 '금사빠'도 많아요. 너무 가볍게 이성을 만나는 게 어른들이 볼 때 문제로 보이죠? 하지만 그 아이들의 마음도 이해가 되요. 사귀어 봐야 자기하고 마음에 맞는지 알 거 아니겠어요? 어쨌든 상습적으로 어장관리하면서 막 들이대는 아이들은 '짱'(짜증)나요. 진실한 사랑이 뭔지도 모르고 그저 인기만 얻으려는 불쌍한 아이들도 많은 거예요.

문제는 사귀고 싶지는 않은데 남의 눈치 봐서 마지못해 사귀는 친구들도 있다는 거예요. 그냥 솔로 탈출이 목적인 아이들도 있고요. 애인이 없으면 인기 없다고 아이들이 놀릴까봐 어쩔 수 없이 거절하지 못하고 끌려 다니는 친구들이 있어요. 그런 걸 이용해서 들이대는 친구들도 있고요. 사랑이 장난이에요? 그런 아이들은 나중에 평생 솔로로 살아야 돼요.

연애하고 싶지만 고민도 많이 돼요. 연애하다 보면 공부에 아무래도 소홀하게 될 텐데요. 그러다보면 원하는 대학 가는 것도 쉽지 않을 거구요. 가끔 연애하면서 같이 학원 다니고 독서실 다니면서 공부 열심히 하는 선배들도 보는데, 그건 하늘의 별따기 같아요. 어떻게 연애하면서 공부할 수 있는지 모르겠어요. 실제로 연애하다 잘 안 되어서 폐인처럼 지내는 선배들이 결국 재수 하게 되었다는 소식을 들었어요. 어른들이 연애하는 거 말리는 것도 이해가 돼요. 하지만 감정이 내 마음대로 되지 않는데 어쩌면 좋죠?

부탁은요, 우리에게 학교에서 성교육만 시켜주지 말고 아름다운 사랑을 하는 방법에 대해서도 알려주면 좋겠어요. 연애와 사랑은 나중에 대학 가서 하라고만 하시지 말고요. 건전하게 사귀는 방법과 공부하면서도 아름다운 우정과 사랑을 나눌 수 있는 비법을 알려주시면 좋겠어요. 안 된다고 하시지 말고 되는 방법을 좀 찾아보시라니까요! 플리즈×10!

다섯째 속사정 :
"때로는 선생님이 힘들게 해요"

최고의 스승이거나 가까이 하기엔 너무 먼 분

선생님은 우리 때문에 힘들다고 하시지만, 우리 역시 선생님 때문에 힘든 경우가 많아요. 우리 보고 너무 버릇없다고 하시는데, 입장 바꿔서 생각해볼까요? "고운 말 해라!" 하면서 우리들에게는 왜 거친 말과 상처 주는 말 하시는지 이해 못 하겠어요. "욕하면 안 된다. 거친 말은 사람의 영혼을 죽이는 것이다"라고 말해놓고, '우리 잘 되라고 하는 말'이라면서 엄마 잔소리보다 듣기 괴로운 말들 많이 하시잖아요.

물론 선생님들이 우리 잘 되라고 하시는 말이겠지만, 듣고 잘 되고 싶은 마음이 생겨야 하는데 짜증만 나요. 우리 보고 선생님 말 안 듣는다고 하지 말고 듣고 싶은 마음이 들도록 말해 주시면 안 되나요? 우리가 철이 없어서 잘 듣지 않는다고, 부드럽고 친절하게 말하면 버릇없어진다고, 강하게 이야기해야 듣는다고 하시는데, 그건 아니거든요. 저희도 존중받고 싶고 좋은 말로 교훈을 듣고 싶어요.

　특히 차별하는 말을 들을 때면 정말 왕짜증나요. "화장할 시간에 공부나 해라! 그렇게 해서 시집은 가겠니? 나중에 장가 가기 힘들겠다. 공부 열심히 해서 등급 하나 올라가면 배우자의 모습이 바뀐다"고 농담하시는데, 공부와 결혼을 연결하는 것은 기분이 안 좋아요. 학교에서도 선생님은 공부 잘하는 아이들 편인 것 같아요. 아니면 예쁘거나 잘 생기든가요. 성적에 따라 아이들을 바라보는 편견이 심한 것 같아요. 이런 이야기는 밤새서 해도 끝이 없을 거예요.

　공부 잘하거나 예쁜 애들이 실수할 때는 "그럴 수도 있지" 하면서, 공부 못하거나 말썽 피는 아이들이 실수하면 한심한 눈빛으로 "공부도 못해, 말썽만 피워. 잘 하는 게 뭐냐?"라며 핀잔 줄 때 기분 너무 안 좋아요. 특히 선생님이 성적이 안 좋은 반에 들어가서 "도움반 아이들도 이 정도 점수는 나오겠다"라고 하는 건 우리뿐만 아니라 은근히 도움반 아이들도 무시하시는 거예요.

공부 이야기가 나와서 또 하는 말인데, 우리도 말을 험하게 해서 할 말은 없지만, 공부 가지고 차별하는 것은 너무 심해요. 공부를 잘하는 상위권 친구들에게만 야자시간에 영어 수학를 가르쳐주고 공부할 수 있는 공간도 따로 만들어주는데, 오히려 공부가 어려운 친구들을 도와주어야 하는 거 아닌가요? 그리고, 공부 잘하는 아이들이 질문하면 좋은 질문이라며 친절하게 답해주시면서, 공부 못하는 아이들이 질문하면 그런 것을 질문한다고 짜증내지 마시고 알려주세요. 모르는 것은 인격의 문제가 아니잖아요.

학교 교문 앞에 서 있는 선생님들이 부담스러워요. 등교 시간에 반갑게 맞이해주시는 선생님들도 계시지만, 무서운 표정으로 머리나 교복 옷차림과 화장 하는 거 가지고 지적하는 선생님도 계세요. 자기 자식도 아닌데 왜 잔소리하는지 모르겠어요. 평소에는 별 관심도 없으면서 "네 미래가 걱정된다"고 말할 때, 그런 영혼 없는 이야기 듣는 것도 지쳐요. 우리 고민이나 걱정해주시면 좋겠어요.

수업 시간에 진도 나가지 않고 잔소리 하는 선생님이 제일 싫어요. 언제부터 우리가 걱정되었는지 말만 열면 치마 길이와 머리카락 잔소리에, 조금만 떠들어도 소리 지르며 "너희들 대학입시가 걱정된다"고 하시는데, 정말 듣기 싫어요. 정말 저희의 미래가 걱정된다면 수업 시간에 진도 열심히 나가고 유익한 이야기 해주셔야 하는 거 아닌가요?

수행평가를 너무 어렵게 내주는 선생님도 싫어요. 중학교 때까지는 엄마가 도와주는 아이들도 많아요. 하지만 대부분의 아이들은 부모님이 맞벌이하셔서 그냥 대충 끝내요.

수행평가 이야기가 나왔으니 또 하고 싶은 말이 있어요. 왜 선생님들은 자기 과목만 중요하게 여기는지 모르겠어요. 다른 과목도 할 게 많은데 자기 과목이 중요하다며 숙제 많이 내주시고, 수행평가도 너무 어려운 거 내주셔서 다른 과목을 제대로 하지 못할 때가 많아요.

더 짜증나는 것은 학교에서 기말시험 보고 난 후 외부 강사 불러서 다양한 교육을 할 때에요. 그러면 거기에 집중하도록 만들어줘야 하는데, 꼭 그때 숙제 내주고 점심시간이나 종례 전까지 제출하라고 해요. 오늘까지 자기 과목 과제물 내라고 하면 어떻게 외부 교육에 집중할 수 있겠어요. 그런 거 때문에 선생님들끼리 갈등이 있다고 하는데, 웃긴 거 아니에요?

이제 그만 이야기할래요. 마치 선생님을 나쁜 사람으로 본다고 오해할 수 있는데요, 그만큼 우리에게 큰 영향을 주시는 분이고, 기대가 커서 실망도 크기에 이렇게 이야기했어요. 가끔 선생님들의 이런 모습 때문에 짜증나긴 하지만, 대부분의 선생님들에겐 좋은 모습이 더 많아요.

선생님들이 우리들 포기하지 말아주세요

수업 시간에 영상 많이 틀어주고 재미있게 수업을 진행해주는 선생님이 좋아요. 수업 시간 내내 존댓말을 쓰시면서 조금이라도 우리가 집중할 수 있도록 수업과 관련된 자료 영상을 보여주시며 교과목 내용과 연관지어 설명해주세요. 그냥 진도를 나가는 것이 아니라 아이들 모두 같이 이해할 수 있도록 노력하는 선생님이 감사한 거죠. 모두 다 수업에 집중할 수 없다는 것은 알지만, 포기하지 않고 기다리시며 집중하기를 원하시는 선생님을 보면 우리를 존중하고 계시다는 것을 알 수 있어요.

축제 때나 소풍 때 우리와 같이 놀아주시는 선생님들도 좋아요. 대개는 선생님들끼리 노시고, 인솔하시면서 감시하는 선생님도 계셔요. 하지만 축제 때 우리들 앞에서 춤도 추고 일부러 웃기려고 망가지는 분도 계세요. 우리도 알아요. 그런 모습이 얼마나 우리를 이해하고 공감하려고 노력하시는 건지요.

가장 좋은 선생님은 우리를 성적에 상관없이 존중해주고 우리 이야기 잘 들어주는 선생님이에요. 수업 시간에 엉뚱한 질문을 하는 아이들이 많아도 짜증내지 않으시고, 좋은 질문이라며 질문하는 아이의 자존감을 세워주고 재치 있게 답을 해주시고요. 그런 분들은 성적에 관계없이, 차별없이 질문에 답해주세요. 쉬는 시간이나 복도에서도 질문에 답해주시고, 방과후나 자율학습 시간에 교실에 오셔서 답해주기도 하세요. 때로는 우리의 개인사에 대해 질문하며 공감해주는 선생님들도 많으세요. 성적과 집안 사정에 상관없이 색안경 끼지 않고 똑같이 존중해주시고, 우리 이야기에 경청해주는 선생님도 많으세요.

우리는 답을 원하는 것보다 우리의 이야기를 존중해주고 우리를 인격적으로 대해주시는 선생님들이 그리워요. 무엇보다 우리의 실수에도 참고 기다려주는 선생님이 고마워요. 실수했을 때 그냥 포기하지 않고 지켜봐주시고 조언하기도 하셔요. 때로는 잔소리도 하시지만, 그런 분이 혼내면 하나도 안 아파요. 진짜 우리에게 관심을 가지고 하시는 말씀이라는 것을 우리도 느낄 수 있으니까요.

가끔은 자신을 내려놓고 싶은 아이들이 많아요. 그래도 선생님들은 우리를 포기하지 않으시면 좋겠어요. 우리도 일어서고 싶지만 그럴 힘이 많이 없어요. 우리를 믿는 믿음이 실오라기 같아도 좋아요. 그저 우리를 믿고 기다려주고 인정해주시면 좋겠어요. 말썽부리는 친구들도 평생 그러겠어요? 때로는 사회도 부모님도 관심 가져주지 않지만, 선생님이 믿어주고 함께 해주셔서 변한 친구들이 많아요. 그런 진심어린 한 마디가 우리의 인생을 바꿔놓기도 해요. 나중에 어른이 되면 그런 선생님들처럼 되고 싶어요.

친구 덕분에 학교 생활을 버틸 수 있어요

친구는 인생의 중요한 부분이에요. "빨리 가려면 혼자 가고 멀리 가려면 함께 가라"는 말도 있잖아요. 생각해보세요. 하루의 대부분을 한 공간에서 지내는 사람이 얼마나 중요하겠어요? 그러다 보니 미운 정 고운 정 다 들면서 우리 인생의 소중한 부분을 차지할 수밖에 없어요. 어른들은 성적 좋은 아이와 친구 맺기를 원하지만, 우리는 그런 거 필요 없어요. 그냥 나를 이해해주고 마음 맞으면 그걸로 족해요. 우리가 원하는 것은 그냥 우리의 말을 잘 들어주고, 우리의 마음을 공감해주고 이해해주는 친구일 뿐이에요. 같은 교실에서 경쟁자로서 서로를 시기하는 것이 아니라, 있는 그대로의 나를 이해해줄 친구가 필요한 거예요.

학교 다닐 때 사귄 친구가 평생을 함께 할 수 있잖아요. 작은 일에도 같이 기뻐하고 슬퍼할 수 있는 친구들이 필요해요. 학교에서 그렇게 지내다, 커서도 그런 모습으로 살아간다면 얼마나 좋겠어요. 학교에서 수업 시간과 쉬는 시간에, 그리고 급식 시간에 밥 먹으면서 나누는 별것 아닌 것 같은 이야기 속에서도 우리는 서로를 의지하며 학교를 버티는 것인지도 몰라요.

그런데 학교에서 친구는 나의 분신이기도 하고 원수이기도 해요. 간혹 나쁜 아이들이 있기 때문이에요. 심심하다고 아이들에게 시비 거는 아이들은 재수 없어요. 지나가면서 가만히 있는 아이에게 자기가 부딪히고 나서 "왜 때리냐?"고 시비 걸거나, 그냥 쳐다만 봤는데 "왜 째려보냐"는 아이도 있어요. 괜히 쎈 척해서 자기가 강한 것처럼 보이고 싶은 거예요. 너무 오버하며 개폼 잡는 친구들을 볼 때 참 학교 다닐 맛 안 나요.

실제로 학기 초에 남자아이들은 싸움을 많이 해요. 서열을 정한다나요? 잘 나가는 짱으로 인정받으려는 아이들이 있어요. 의리 때문에 어쩔 수 없이 패싸움에 참가하는 아이들도 있고요. 그러다가 성찰실에서 반성문 한 번 쓰면 영원한 우정이 생긴다나 어쩐다나요.

몸이 불편한 아이나 도움반 아이들을 잘 대해주는 좋은 친구도 물론 있어요. 하지만 그런 아이들을 괴롭히는 나쁜 아이들도 많아요. 장난이라면서 물을 뿌리고 여자아이들 몸도 함부로 만져요. 머리 정리해준다면서 세게 잡아당기고, 옷에 얼룩 있다며 세게 때리고, 먼지 털어준다면서 폭행을 해요. 학교폭력에 걸리지 않을 정도로 교묘하게 아이들을 괴롭히는 기술자(?)들도 많아요. 그런 걸 선생님들에게 이야기해도 모른 척하시는 분들이 있어요. 심각하지 않다고 판단하면 그냥 넘어가요. 아마 위원회에 참가하여 골치 아픈 일 당하고 싶지 않으시겠죠.

하여튼 왕따시키는 아이들이 가장 나빠요. 이유 없이 자기 마음에 안 든다고 친구들을 조종해서 왕따시키는 아이도 있어요. 왕따당하는 친구는 쉬는 시간에 교실에서 혼자 있고요, 급식 시간에도 혼자 밥 먹어야 해요. 심지어 자기도 왕따당할까 봐 어제까지 친하게 말도 했던 친구에게 말 안 하는 아이도 있어요. 학교에서는 어쩔 수 없이 그렇게 행동한다고 왕따에 동조하는 아이의 카톡을 받을 때는 정말 친구가 아니라 원수 같아요. 자기도 언젠가 희생양이 되면 똑같이 해준다고 기회를 기다리는 친구도 있어요. 하지만 왕따의 고통을 안다면, 정말 친구들끼리는 왕따시키지 않으면 좋겠어요.

제일 싫은 건 수업 시간에 선생님에게 욕을 하거나 물건을 집어 던지는 아이예요. 잠자는 아이를 깨우는 선생님에게 의자를 집어 던지거나 일어나서 주먹을 휘두르는 아이도 있어요. 뉴스에서 가끔 학생이 선생님을 때리는 이야기가 나오죠? 그런 아이들이 실제로 있어요. 아마 마음으로는 이미 행동한 아이들도 많을 거예요. 특히 기간제 교사나 여자선생님에게 함부로 하는 아이들이 있어요. 자기 엄마가 다른 학교에서 그렇게 당하면 기분 좋을까요? 학생들을 위한 인권보장도 좋지만 가끔은 선생님들이 너무 불쌍해요.

어떤 아이들은 수업 시간에도 거친 말을 잘 사용해요. 대부분의 학교폭력은 언어폭력이래요. 쉬는 시간에 대화의 대부분은 욕으로 시작해서 욕으로 끝나요. 선생님들은 우리 보고 입에 하수구를 달았는지 궁금하다고 하셔요. 하긴 어떤 아이는 머릿속에 욕백과사전이 들었는지도 모르겠어요. 어떤 욕은 구글에서 찾아도 안 나올 거예요. 그런 욕을 하는 친구들을 볼 때마다 기분이 나빠요.

하지만 그런 친구들이 나쁜 말을 배운 건 어른들 때문 같아요. 인터넷이나 방송에서 폭력 장면이나 거친 언어들을 많이 봐요. 사회에서 어른들을 보면 거친 말도 많이 하구요. 보고 들은 것이 많다보니 자연스럽게 아이들도 따라 하더라고요. 어른들은 고운 말을 사용하지 않으면서 우리 보고 욕하지 말래요. 그런 법이 어디 있어요? 우리 보고 고운 말 많이 해야 된다고 하기 전에 어른들이 먼저 아름다운 말을 들려주시면 좋겠어요.

이렇게 나쁜 친구들 때문인지 선생님들은 우리가 몰려 있으면 별로 안 좋아하셔요. 우리가 나쁜 짓 할까봐 그렇죠. 하지만 우리가 친구 없이 혼자 다니면서 고독해지면 좋겠어요? 우리도 학교에서밖에 놀 시간이 없어요. 학원 가면 부모님이 비싼 돈 냈으니 어쩔 수 없이 듣는 척이라도 해야 하구요. 집에 가면 친구 만나러 나가지도 못하게 하고 공부만 시키는데요, 어른들은 어릴 적 우정이 평생 간다고, 마음 통하는 친구가 2명만 있어도 인생 성공한 거라고 이야기하면서, 우리가 뭉쳐 다니는 건 왜 싫어하는지 모르겠어요.

우리에게 평생 필요한 친구를 학교에서 찾아요

가끔은 생일 파티에 목맨 아이들도 있어요. 생일 며칠 전부터 선물 준비하고 장소 예약하고 이벤트 준비하죠. 분식집에서 생일 파티하는 건 쪽팔리고, 뷔페 같은 데서 거하게 하기엔 부모님 눈치 보여요. 그래도 아이들에게 창피하지 않을 정도로 하고 싶고, 우정을 위해 선물도 기억에 남을 만큼 하고 싶어요. 그래서 친구 생일 때 우정도 확인할 수 있지만 여러 가지로 부담이 되기도 해요. 돈이 들기도 하지만 초대받지 못하는 아이들은 은근히 실망감이 크거든요. 앞으로 남은 학기에 처신하기도 쉽지 않고요.

우리 모습이 지금은 비록 이래도, 우리의 지금 모습과 미래는 다를 수도 있어요. 그래도 현재 학교라는 공간에서 서로를 의지하며 서로의 꿈을 응원해주는 친구는 인생의 소중한 존재예요. 그래서일까요? 어른들이 볼 때 생각 없이 학교 다니고 학교에서 아무것도 안 하는 것 같지만, 나름 친구를 통해 서로에게 영향을 많이 줘요. 때로는 친구 때문에 웃고 울고 하지만, 친구 때문에 학교를 포기하지 않고 끝까지 다닐 수 있거든요. 그런 의미에서 친구는 학교와 같아요. 그러니 제발 친구 관계를 성적과 집안 형편이나 외모로 평가하지 않으면 좋겠어요. 그런 거 따지는 어른도 아이도 있지만, 대부분의 아이들은 그런 이유보다 그저 마음에 맞고 함께 하면 기분 좋은 친구를 원해요.

요즘 학교 졸업하는 게 보통 일인가요? 공부만 할 것 같으면 학원 다니면 되는데, 학교 다니는 이유는 무엇일까요? 학교에 가서 매일 엎드려 자는 것밖에 할 일이 없어도 가는 이유는 무엇일까요? 졸업장이요? 그건 검정고시 보면 돼요. 물론 우리에게 지금 시기에 공부가 중요한 건 알아요. 하지만 또 중요한 이유는 우리에게, 참으로 힘든 사춘기를 보내고 인생을 준비하는 시기에 평생의 관계를 준비하는 친구가 필요하기 때문이에요.

아! 엄마가 학원 가야 할 시간이라고 소리치시네요. 친구에 대해서 하고 싶은 이야기 정말 많거든요. 친구 이야기도 학교 이야기도 아직 10분의 1도 못해서 아쉽지만, 이만 이야기할래요. 혹시라도 나중에 기회가 되면 아이들이 집에서 겪게 되는 이야기를 해드릴게요. 아이들이 집에서 부모님과 형제들과 좌충우돌하며 겪는 일은 학교 못지않게 드라마틱하거든요. 그럼 이만 저는 물러갑니다. 휘리릭~.

PART.2

"내가 왜
환자 취급받는지
아세요?!"

아이들이아플 수밖에 없는 현실의네가지이유

조병옥 목사

중2병에서 초4병까지

요즘 다음세대 십대가 아프다네요. 환자라는 거예요. 청소년이 왜 환자 취급을 받는지, 그 이유를 아세요? 우리나라의 청소년들은 특정 시기가 되면 질병에 걸려요. 대중화된 병명은 '중2병'. 요즘은 초6병, 초4병이라는 유사 병명이 생길 만치 감염 시기가 빨라지면서 유행을 이어가고 있죠. 이 병의 증상은 다음과 같아요. 십대 아이에게 이 중에 해당하는 항목이 4개 이상이면 중2병인 거예요.

① 친구가 제일 중요하다.

② 친구 관계를 맺기 어렵다

③ 부모와 사이가 좋지 않다.

④ 감정 조절이 안 된다.

⑤ 충동적이다.

⑥ 자기가 최고라고 생각한다.

⑦ 외모가 만족스럽지 않다.

⑧ 우울증인 것 같다.

⑨ 부모나 어른에게 반항한다.

⑩ 성(性)에 대해 관심이 많다.

이 중에서 이 책을 읽는 우리 친구는, 혹은 십대 자녀를 둔 부모님의 자녀는 몇 개에 해당하는 것 같나요?

이처럼 간단한 테스트로도 확인될 만큼 중2병, 혹은 초4, 초6병은 병변(lesion of disease)이 눈에 금세 띄어요. 하지만 과연 이 증상들이 그토록 쉽게 질병으로 치부될 것일까요? 저 역시 중학생 시절에 비슷한 증상을 보였던 적이 있어요. 그러나 당시 어른들은 제가 병에 걸렸다고 이야기하지 않았어요. 그저 "사춘기다"라며 무미건조하게 정의하신 다음 "유난 떨지 말라"고 경각심만 주었을 뿐이에요. 그런데 왜 이 시대를 살아내고 있는 청소년들은 이렇게 가볍게 '환자'가 되는 것일까요?

가정의 상비약으로 치료할 수 없는 질병을 앓게 되면 병원으로 옮겨져 '환자'가 되지요. 해당 질환에 관한 전문의가 적절한 처방과 처치를 해주어야 안심이 되기 때문이죠. 간단히 말해, 사회와 가정이 청소년들을 감당할 수 없게 된 거예요. 그래서 상식적으로 이해가 가지 않고, 아무리 애써도 나아지지 않는 청소년의 '그것'을 '질병'이라고 쉽게 정의해버렸어요. 이 시대 청소년들이 '환자'가 된 이유와, 그런 '환자'를 치료할 다양한 시설과 전문가가 늘고 있는 이유가 크게 다르지 않아요. 확실한 건, 앞선 세대와는 다르게 사회와 가정이 청소년들을 감당하기 어려워하고 있다는 거예요. 가정과 사회가 '아이들'을 감당할 수 없게 된 이유는 무엇일까요? 네 가지로 설명할게요.

현실의 첫째 이유 :
두려움을 너무 빨리 느끼기 때문이에요

흔히 청소년기를 '질풍노도의 시기'라고 부르죠. 질풍노도란 '몹시 빠르게 부는 바람과 무섭게 소용돌이치는 큰 물결'이란 뜻이에요. 신체적으로도 정신적으로도 완성되지 않은 시기에 겪게 되는 수많은 '자기 질문'("나는 누구냐"처럼 어른에게도 몹시 어려운 질문)과 과업(요즘 아이들 숙제 무척 어려워요)들을 해내느라 두렵고 불안한 청소년기를 아주 잘 표현한 단어라고 생각해요.

문제는 그 시기가 중2에서 초6으로, 심지어 초6에서 초4로 점점 앞당겨지고 있는 거예요. 그만큼 불안과 두려움을 겪는 시기가 빨라지고 있다는 뜻이죠.

하교 시간이 다가오는 초등학교 정문 앞에 가보면 노란색 학원 승합차들이 긴 줄을 선 장면을 쉽게 볼 수 있어요. 조금만 지켜보고 있으면 몸보다 큰 가방을 멘 어린이들이 학원 차에 올라타요. 그런 다음 이 학원에서 저 학원으로, 저 학원에서 다시 이 학원으로 실려 다니죠. 중간에 편의점에서 컵라면과 삼각김밥으로 끼니를 때운 아이들은 학원을 돌고 돌다가 해가 완전히 지고 나서야, 아니 달이 중천에 떠서야 간신히 집으로 돌아가요. 이런 모습이 어느 고3 학생의 하루가 아니라 놀이터에서 바글바글 모여 뛰어 놀아야 할 초등학생의 하루라는 거예요.

"나중에 먹고 싶은 거 먹고 사고 싶은 거 다 사려면 지금부터 공부 열심히 해서 좋은 대학에 가야 한다고 엄마가 그랬어요. 그래야 부자가 돼서 행복하게 잘 살 수 있다고요."

달콤한 아이스크림 하나만으로도 행복할 어린이의 입에서 나온 '행복의 정의'에요. 아이들은 어려서부터 가정과 사회가 쥐어준 '행복의 특정 개념'을 놓치지 않기 위해, 그렇게나 쉴 새 없이 학원을 돌고 있어요. 그러다 시간이 지나, 각자 시작하는 나이는 조금씩 다르지만, 십대라는 '질풍노도의 시기'에 접어들게 되면 쥐고 있던 '행복'을 지킬 수 없을 것 같은 불안감이 싹트게 되는 거죠. '나는 누구인가?' 그 해답을 찾아야 할 시기의 아이들이 '나는 부자가 될 수 있을까?'라는 두려움을 먼저 만나는 거예요. 그래서 그들은 외치고 있어요. "이생망"(이번 생은 망했다)이라고요.

청소년의 사망 원인 1위는?

세현이는 2017년 4월에 자살을 시도해 혼수상태에 빠졌다가 겨우 의식을 찾고 저에게 상담을 하게 된 아이예요. "왜 자살을 하려고 했니?"라는 질문에 이렇게 대답했어요.

"아무리 생각해보아도 지금 죽는 것이 낫다고 생각했어요. 부모님이 이혼하셔서 집안 형편이 안 좋고, 공부도 못하니까 앞으로 평생 루저(looser)로 살다 늙어 죽는 것보다, 한 살이라도 어릴 때 죽는 게 좋을 거 같아서요."

고등학교 2학년 민우가 버킷리스트에 쓴 것 중 마지막은 '내가 원하는 날에 스스로 죽는 것'이에요. 자기가 죽는 날을 스스로 선택하겠다는 것이죠. 충격적이지 않나요? 이들의 외침엔 삶을 살아보고 싶다는 욕구가 느껴지지 않아요. 성공하지 못할 것에 대한 불안과 두려움, 걱정과 자괴감만 가득하죠.

2018년 대한민국 청소년 통계를 보면 우리나라 청소년(9-24세)의 사망 원인 1위가 자살이래요. 그 작년에도 그 재작년에도 청소년의 사망 원인 1위는 자살이었어요. 2018년 교육부가 전국 중고등학교 학생을 대상으로 진행한 '학생정서-행동특성검사' 결과, '자해(自害)를 한 적이 있나?'라는 질문에 중학생 51만 4710명 중 4만 505명(7.9퍼센트), 고등학생 45만 2107명 중 2만 9026명(6.4퍼센트)의 학생이 자해를 경험했다고 답했대요. 그리고 현재까지, 자해는 대유행중이에요.

　하지만 사실 다양한 꿈을 꾸며 폭넓은 경험을 해야 하는 청소년기 아이들에게 너무 멀고 좁은 문을 미리 가져다주어 자살을 생각할 정도로 '병'에 걸리게 한 것은 가정과 사회예요. 아이들의 안정적인 미래를 위해 아이들의 '오늘'을 버리게 하였죠. 존재하는 것만으로도 두렵고 불안한 질풍노도의 시기에, 아직 경험하지 않아도 될 두려움을 미리 넣어준 겁니다. 아이들이 가정과 사회가 감당할 수 없는 환자가 된 이유는 물질만능주의와 계급화에 잠식된 진짜 환자인 우리들, 어른들 때문인 거죠.

아이가 환자라서 엄마도 아파요

상담실엔 각티슈가 늘 준비되어 있어요. '환자'가 돼버린 아이들의 어머니와 만나 상담을 하다보면, 대부분의 어머니가 10분이 채 지나지 않아 눈물을 쏟기 때문이죠. "너무 힘들어요"라는 외마디 외침 후에, 아이를 키워온 세월의 울분을 쏟아내기 시작해요. 그러시면 저는 별 다른 말을 하지 않아요. 그저 "진짜 힘드시죠? 우셔도 됩니다"라고 말할 뿐.

"이유를 모르겠어요. 진짜 무슨 병에 걸린 것처럼 한 순간에 변해버렸어요. 뭘 어떻게 해야 할까요?"

자해하는 아이의 문제로 상담을 받으러 온 부모님들의 한결같은 이야기예요. 이들의 외침에서 병에 걸린 내 아이를 치료해달라는 간절함이 느껴졌어요.

우리나라의 사회 문화 상황은 자녀양육이 당연히 어머니의 몫인 것처럼 이야기해요. 물론 잘 키워야 하죠. 얼마 전 인기리에 방영된 '하늘성' 어쩌고 하는 드라마는 자식을 사회지도층으로 키우기 위한 엄마들의 사투를 그려냈죠. 그 드라마에서도 아이를 잘 키워야 하는 책임은 어머니의 몫으로 묘사되고 있었어요. 어머니든 누구든, 무엇이든 잘해야만 한다는 것은 여간 부담스러운 일이 아니죠. 심지어 한 생명을 잘난(?) 사람으로 키워야 한다는 것은 목숨을 걸어야 할 만큼 책임감이 큰일이에요. 그렇다면 자녀들을 잘 키운다는 것은 무엇일까요? 그것은 어디서 가르쳐주는 것일까요?

우리나라의 온라인 커뮤니티에는 흔히 '맘카페'(mom cafe)라고 부르는 어머니들만의 공간이 많아요. 맘카페에서는 결혼을 하는 순간부터 자녀양육에 이르기까지 다양한 정보를 얻게 돼죠. 삶의 지침서 같은 역할을 하고 있다고 보면 맞아요. 세상살이부터 자녀양육, 나아가 남편에 대한 불만까지, 어머니들의 갖가지 이야기들이 기록되고 있어요. 다행히 힘든 경험을 서로 공유하고 공감해주는 순기능을 갖고 있어요. 하지만 종종 자녀 양육에 대한 다양한 이슈들이 혼돈을 일으킬 때가 많아요. 예를 들면, "초등학교 2학년에 학원을 보내야 할까요?"라는 질문을 했을 때 이런 댓글이 많이 달리죠.

   돼지 맘 : 제 딸은 시간이 부족해서 6개밖에 못 다녀요. 방학에 특별 수업을 듣게 하려고요.

   헬리 맘 : 저는 학원 안 보내요. 대신 집으로 과외 선생님들을 부르죠. 학교 체육 수업에서 줄넘기를 해야 한대서 방학에는 줄넘기학원에 보낼까 생각중이에요.

   그냥 맘 : 에이, 초등학교 2학년에 무슨 학원이에요. 저는 그냥 집에서 놀게 해요. 그런데 놀이터에 친구들이 없어서 매일 혼자 놀긴 해요. 그래서 학원에라도 보내야 할까 싶기도 해요.

질문한 엄마는 위와 같은 댓글들을 보며 어떤 생각을 하게 될까요? 자신의 아이를 학원에 보낼지 말지 확신을 얻고 결정하게 될까요? 그렇지 않아요. 오히려 '어떻게 해야 하나?'라는 불안감만 더 커져서 엄마를 더욱 힘들게 할 뿐이에요. 누구에게도 배우지 못한 자녀양육의 문제에 타인의 다양한 의견까지 더해져, 아이를 바라보고 있는 어머니의 눈동자는 흔들릴 수밖에 없게 되죠. 그러다가 결국 사회에서 말하는 보편적 성공의 경험담에 시선을 고정할 수밖에 없어요. 앞서 등장한, 자살 시도로 상담을 했던 아이가 말한 자살 시도의 원인이 된 것 말이에요. 그래서 공부를 잘해서 좋은 대학에 진학하고, 좋은 성적으로 졸업해서 좋은 직장에 들어가는 것, 이 보편적 성공의 가치에 온 시선을 집중하게 되는 거예요. 왜냐하면, 누구도 성공적인 자녀양육이 무엇인지에 대해 가르쳐준 적이 없기 때문이에요.

"지금은 저도 아이도 힘들지만 나중에는 고맙다고 할 거예요." 사회에서 말하는 성공적인 삶을 목적으로 자녀들을 양육하는 대부분 엄마들의 기대이죠. 하지만 저 문장에서 우리는 어머니가 '환자'가 되는 세 가지 포인트를 찾을 수 있어요.

첫째 포인트는 지금 어머니 자신도 힘들다는 것이에요. 왜 힘들까요? 아이가 힘들기 때문이에요. 아이는 힘들면 투정을 부릴 수밖에 없어요. 몸이 힘들기 때문에, 적절한 에너지를 쓰지 못하고 매일 앉아 있기 때문에 신경증적일 수밖에 없어요. 그러한 아이의 비위를 맞춰 주는 것은 오롯이 엄마의 몫이 되어요. 아이의 삶을 성공적으로 이끌어가야 한다는 부담과 그로 인해 예민해진 아이의 신경질까지 받아주어야 하는 것은 여간 스트레스 받는 일이 아니에요.

또한 이 시대 어머니들의 상당수는 대학을 졸업한 고학력자들이에요. 아이를 낳기 전까지 사회의 구성원으로서 한 부분을 맡고 있던 인재들이었죠. 하지만 거기서 얻었던 자기 자존감은 자신의 삶을 잃은 채 한 아이만 바라보고 있는 현재 상황을 불쾌하게 받아들일 수밖에 없게 해요. 그래도 다음 둘째 포인트로 그 불쾌감을 참고 견디고 있죠.

둘째 포인트는 바로 자신이 그렇게 공들여서 키운 아이가 훗날 세상의 기준으로 성공적인 삶을 살게 될 때 엄마에게 고마워 할 것이며, 또한 엄마 자신이 잘 했다고 세상이 인정해줄 것이라는 기대감이에요. 이 기대감은 자신과 아이를 더욱 옥죄게 해요.

'반드시 이 아이를 성공시켜야 한다. 그래야 아이도 행복할 수 있을 것이고, 나도 그간의 고생을 보상 받을 수 있게 된다.'

이런 보상심리는 어머니도 자녀도 스스로를 갉아 먹게 하는 원인이 되어요.

"내가 그렇게 다 포기하고 뒷바라지를 했는데, 쟤가 저럴 수 없어요!"

얼굴이 붉다 못해 푸르게 변하며 분노하시는 어머니들의 공통적인 외침이에요.

"내가 나한테 그렇게 해달라고 한 적도 없는데, 왜 그러시는지 모르겠어요."

이건 그런 어머니들의 아이들의 공통적인 푸념이에요. 이렇게 어머니와 아이들은 서로를 갉아 먹으며 '환자'가 되고 있어요.

셋째 포인트는 앞서 언급한 맘카페 어머니들의 이야기 어디에도 아버지는 등장하지 않는다는 것이에요. 그 문장에는 모든 공로가 어머니에게 향해 있어요. 당연하죠. 아버지는 양육의 현장에서 굉장히 먼 제3자의 위치에 있기 때문이에요. 이 글을 보고 많은 아버지들이 섭섭해 할 수 있지만, 병든 사회에서 아버지는 3자가 될 수밖에 없어요.

2018년 교육부와 통계청의 조사에 의하면 초중고생 1인당 월평균 사교육비가 29만 1천 원으로 역대 최고를 기록했어요. 이 중에서 사교육을 전혀 받지 않는 학생들을 제외한 1인당 월평균 사교육비는 39만 9천 원이라고 해요. 자녀의 사교육비를 감당하려면 아버지는 열심히 일을 할 수밖에 없어요. 자연스럽게(?) 양육에서는 뒷짐을 질 수밖에 없게 돼요. 아버지의 역할은 그저 자본의 공급자가 되는 것이죠. 어머니가 그 자본을 잘 사용해서 성공적인 자녀라는 '상품'으로 만들어 병든 사회에 다시 공급하는 곳, 이것이 가정이 되어버렸어요. 그 안에서 엄마는 존재가 희미해지는 경험을 하게 되어요. 우리나라 30-40대 여성의 우울증이 지속적으로 증가하는 이유가 바로 이것이에요. 돈 벌어오는 남편을 위해 자신을 희생하고, 자녀가 성공적인 삶을 살게 하려고 자신을 희생하는 삶, 자신은 없고 타인만 존재하는 삶, 그래서 엄마가 아파요.

사실 아이들은 그저 에너지가 넘칠 뿐이에요. 호르몬의 분비로 인한 에너지의 흐름이 감정을 조절하기 힘들게 만들 뿐이에요. 엄마가 아파서 아이들의 에너지를 감당하기 힘들게 되니, 아이들이 아파 보이는 거예요. 아이를 감당할 에너지가 엄마에게 없으니 아이들을 '환자'로 보게 되는 것이죠. 아이가 엄마를 더 아프게 하기 전에, 그들에게 고쳐야 할 병이 있는 것처럼 느끼게 되는 거예요. 그렇기 때문에 사회와 부모들이 아이들을 환자라고 진단하는 거예요.

선생님이 많지만 선생님은 없어요

어린 시절 저에게 교사는 학교 선생님과 교회 선생님뿐이었어요. 무엇이든 배울 수 있는 사람은 그들밖에 없었죠. 교사가 적으면 삶의 다양성에선 단점이 있지만, 삶의 목표를 정하는 데는 흔들림이 없어지는 장점이 있죠. 그런데 요즘엔 선생님이 너무 많아요. 학원에도 있고, 심지어 인터넷에는 넘쳐나게 많아요.

"수업 시간에 절반이 잠을 자요."

어느 고등학교 교사의 푸념이에요. 이미 학원에서 선행학습을 한 학생들이 학원에서 집중해 공부하기 위해 학교에서는 잠을 잔다는 이야기예요.

"학원에서는 매를 대도 괜찮다는 부모 동의서를 받아요."

학교에서는 학생들이 선생님의 뒤통수를 때리며 교권을 추락시키고 있는데, 학원에서는 정반대로 몇 대 쥐어박는 정도는 괜찮다고 하면서, 학교에서는 교사의 지적하는 말 한마디에도 경찰이 출동해요. 학원에서는 오로지 성적을 위해, 학생들이 순한 양처럼 학원 강사의 이야기에 귀를 기울이고 있어요. 선생님의 기준이 달라진 기가 막힌 사회 현상이에요.

선생님에 대한 왜곡된 기준 때문에, 아이들은 삶의 곳곳에서 다양한 '선생들'과 만나요. 담배를 멋지게 피는 동네 형이 선생이 되기도 하고, 어느 유명 유튜버(youtuber)가 선생이 되기도 합니다. 검증되지 않은 수많은 선생들이 아이들에게 서로 다른 삶의 기준을 정해주고 있어요.

어느 날 한 아이가 반(反)기독교 유튜버의 영상을 본 후 제게 물었어요.

"하나님이 사과 하나 따먹었다고 화가 나서 사람들을 다 죽인 거라면서요? 너무한 거 아니에요?"

이처럼 아이들은 검증되지 않은 정보와 얕은 지식을 무분별하고 가감 없이 받아들이게 되었어요. 그리고 거짓된 정보를 주는 누군가도 선생이 되어버려서, 이런 시대를 살아가는 아이들의 삶의 기준을 흔들고 있지요. 그런 선생들은 간혹 분노를 당연한 것으로, 죄를 평등한 것으로 가르치며, 그것이 세상에서 성공하는 것이라고 가르쳐요. 상식적이지 않은 것을 상식으로 믿으며, 질서와 균형을 깨뜨리는 것이 도전이라고 배운 아이들은 지극히 상식적인 것만을 배워온 어른들이 감당할 수 없는 '환자'가 되어버리는 거예요.

사실 환자는 어른들 모두예요

그런데, 사실 청소년들은 환자가 아니에요. "북한이 우리나라에 쳐들어오지 못하는 이유가 대한민국에 중2들이 있어서"라는 농담을 들어보았을 거예요. 우리나라는 중2 보유국이라는 이야기예요. 같은 사회를 살아가는 어른들이 보기에 차원이 다른, 중2병에 걸린 아이들의 삶의 방향과 모습을 감당하기 어려워서 만들어낸 비웃음 섞인 농담이죠. 맞아요. 우리는 중2 보유국이에요. 하지만 중2가 있기 때문에, 다시 말해서 청소년이 있기 때문에 희망을 가진 나라가 될 수 있는 것이에요. 가정과 교회와 나라를 이끌어갈 힘을 키우기 위해 애쓰고 있는 이들이죠. 그들의 노력을 '병'으로 만들고, 그들을 '환자'로 만드는 것은 교회와 나라의 미래에 전혀 도움이 되지 않아요.

어쩌면 청소년들은 단 한 번도 환자였던 적이 없을지도 모르겠어요. 예전이나 지금이나 그저 어른이 되기 위한 과정을 지나가고 있을 뿐인 거죠. 그러니 그들을 환자로 만든 것은 병들어가고 있는 사회와 그 속에서 살아가고 있는 진짜 환자, 우리 어른들이 아닐까요?

현실의 둘째 이유 :
중독과 미래의 감옥에 갇혀 있기 때문이에요

반려견 울타리 역할을 하는 스마트폰 쥐어주기

반려견을 키우는 집에 가면 반려견이 함부로 나가지 못하도록 출입구나 주방과 방문 쪽에 울타리를 세워놓아요. 종종 어린아이를 키우는 집에서도 볼 수 있죠. 어떤 방 안에서 더 이상 다른 곳으로 나가지 못하게 해서 혹시 모를 위험 상황을 대비하는 것이에요. 반려견이나 아이들은 갇혀 있는 줄도 모르고 갇혀 있지요.

식당에 가면 아이와 함께 온 가족들을 종종 보게 돼요. 보통 어린 아이들을 데리고 식사를 하는 부모들은 아이에게 자연스럽게 스마트폰을 쥐어줍니다. 스마트폰을 받자마자 아이는 스마트폰에 집중하게 되죠. 그때부터 부모는 편안하게 식사를 할 수 있어요. 하지만 그때부터 부모도 아이도, 자신들이 스마트폰에 갇히고 있다는 것을 모른 채 갇혀버리게 되죠.

"스마트폰을 절대 청소년들이 못 쓰게 하는 법을 만들어야 해요!"

어떤 어머니의 절규를 듣고 저는 이렇게 되물었어요.

"제일 처음 스마트폰을 준 시기가 언제였나요?"

잠시 말을 잇지 못하시더니 이러셨어요.

"저는 좀 늦게 준 편이에요. 초등학교 2학년쯤부터요. 제 핸

드폰으로 교육 영상을 보여준 건 다섯 살부터네요."

자신의 결정을 합리화한 거예요.

부모들이 아이에게 스마트폰을 쥐어주는 가장 대표적인 이유가 무엇일까요? 2018년 연세대 '바른ICT연구소'에 따르면, 만 12개월에서 6세 사이 영유아 자녀를 둔 부모 602명을 대상으로 자녀 스마트폰 사용 실태를 조사한 결과, 스마트폰 사용 이유가 이렇게 나왔어요.

① 아이에게 방해받지 않고 다른 일을 하기 위해(31.1퍼센트),

② 아이를 달래기 위해(27.7퍼센트),

③ 아이가 좋아해서(26.6퍼센트),

④ 교육적 목적은 7퍼센트에 그쳤다고 조사되었어요.

무려 85.4퍼센트의 부모가 사실은 아이를 조종(control)하기 위해 스마트폰을 사용하게 했다는 거예요. 스마트폰을 받는 순간 아이들은 말을 아주 잘 듣게 되죠. 그 순간 부모는 자신들이 하고 싶었던 일을 여유롭게 하게 되어요. 애쓰지 않고도 자녀를 조종하게 되는 경험은 달콤한 유혹이 되어, 더 많은 시간, 더 많은 상황에서 스마트폰을 아이에게 쥐어주게 되지요. 그렇게 부모는 아이를 조종할 수 있는 만능 리모컨을 갖게 되었어요.

급격한 산업화로 인해 맞벌이 시대가 왔고, 같이 벌지 않으면 해결 되지 않는 경제 여건으로 힘겨워하는 맞벌이 부모들은 어쩔 수 없이 아이들을 손쉽게 키울 수 있는 방법을 찾았죠(그

마음을 이해하지 못하는 건 아니에요). 그래서 어린 시절부터 아이의 마음을 읽고 알아보려는 노력을 하기보다 힘겨운 상황을 넘어가기에 급급하여 매개체를 찾게 되었고, 스마트폰은 훌륭한 매개체가 되어 주었어요.

험악(?)한 세상에서 자신들의 자녀를 살아남게 하기 위해 부모들은 자녀들을 자신의 보호 아래 두고, 수많은 것들로 그들을 가두어 놓았어요. 항상 그래왔어요. 그 중 스마트폰은 가장 최신의 심각한 매개체일 뿐이에요.

하지만 부모들에게 컨트롤러, 즉 '아이들 리모컨'이 된 스마트폰은 이제 아이들을 작은 창 안에 가두어 빠져나오지 못하게 만들고 있어요. 그렇게 스마트폰에게 아이를 빼앗겨버린 부모들은 다시 아이를 찾으려 고군분투하지만, 아이는 그곳에서 나오면 죽을 것 같아서 오히려 그곳에 갇혀 있기를 원해요.

앞서 언급한대로 급격한 산업화와 미래에 대한 불확실성은 모든 부모에게 '성공'의 공식을 깨닫게 했어요. '성공'의 공식대로 살게 하려면 부모는 자녀들을 효과적으로 콘트롤할 수 있어야 했어요. 자녀의 성공적인 미래를 위한 선택이라는 명목 아래, 그렇게 부모들은 자녀들을 가두기 시작했던 것이죠.

외고에 다니며 상위권 성적을 유지하던 학생이 전교 1등이 된 직후 "이제 됐어?"라는 짧은 글을 유서로 기록하고 스스로 목숨을 끊었어요. 2010년 한 신문 칼럼에 실린 여고생의 이야기예요. 원래 주위의 친구들은 모두 이 학생을 부러워했어요. 성적도 우수하고, 여러 가지 일에서 두각을 나타냈기 때문이었어요. 모두가 부러워한 그 아이의 삶이 이렇게 끝날 거라곤 누구도 상상하지 못했어요. "전교 1등을 해야지"라는 엄마의 요구를 이루어낸 직후에 아이는 "이제 됐어?"라는 짧은 글을 엄마에게 쓰고 목숨을 끊었던 거예요.

그동안 이 아이는 엄마가 세워놓은 성공의 기준, 곧 '전교 1등이 성공'이라는 감옥에 갇혀서 살았어요. 그 감옥에서 벗어나기 위해 발버둥치며 공부하고 또 공부했어요. 타인의 부러운 시선 따윈 아무 의미 없었어요. 오히려 더욱 감옥에 갇혀 있게 한 거예요. 그리고 비로소 엄마가 말한 성공의 기준에 도달한 직후, 아이는 스스로 목숨을 끊었죠. 그렇게 해야 성공이라는 감옥에서 벗어날 수 있다고 생각한 것이죠. 우리의 아이들은 다를까요? 스마트폰을 든 내 아이는 지금 어디에 갇혀 있을까요?

첫 번째 감옥 : 자기만의 은둔형 놀이터

요즘 놀이터는 보통 아파트 단지 안에 있지요. 단지의 아이들이 뛰어놀 수 있는 공간이에요. 그곳에서 아이들은 친구들과 만나 이야기를 하고 '놀이'를 하며 작은 사회를 배우게 돼요.

하루는 유치원 차에서 내린 아이를 데리고 놀이터에 갔어요.

그런데 신기하게도 그 시간 놀이터에는 저와 제 아이 둘뿐이었어요. 아침마다 유치원 차를 기다리던 그 많던 아이들은 전부 어디에 갔을까요?

2018년 전국보육실태조사 결과에 따르면 유치원과 어린이집 등에 다니고 있는 유아(3-5세)가 정규수업 이후의 특별활동에 참여하는 개수가 평균 2.9개에 달한다고 조사되었어요. 그중 전체의 26.2퍼센트(4명당 1명)의 유아가 5개 이상의 특별활동을 하고 있다고 해요. 유아들이 특별활동을 하는 이유는 부모들의 요구(64.4퍼센트) 때문이라는 게 가장 컸어요. 뿐만 아니라 조사 대상 중 31.4퍼센트에 해당하는 아이들이 하원 후에 학원 등에서 시간제 교육을 받고 있는 것으로 조사되었어요.

물론 경제적 이유로 맞벌이를 해야 하는 가정에서 아이를 돌봐줄 기관을 찾는 것은 당연해요. 하지만 보육 차원이 아닌 선행 교육 차원으로 학원에 갇혀 있는 아이들이 너무 많다는 것이 문제예요. 이게 비단 영유아의 문제만은 아니에요. 초중고등학생들 모두 방과후에는 교문 앞에서 기다리고 있는 수많은 학원 차에 몸을 싣고 학원으로 가고 있어요. 학교 운동장은 운동하는 어르신들의 차지가 되어버리고요.

청소년 발달에 관한 심리 사회적 발달이론의 대표적인 학자인 에릭 에릭슨(Erik Erikson)은 살아가면서 일어나는 중요한 사건과 그 사건의 발생 시기, 타인과의 관계, 문화적인 특성 등과 같은 심리사회적 요인이 인간의 발달에 중요한 영향을 미친다고 주장했어요. 에릭슨은 인성의 발달을 생물학적 차원, 사회적 차원, 개인적 차원 등 세 가지 차원들 사이의 부단한 상호작용의 결과로 보고, 인간의 발달단계를 8단계로 구분하였어요. 각 발달단계마다 해결해야 할 중요한 발달과업과 위기가 있는데, 이러한 과업과 위기를 성공적으로 달성할 때 개인은 건강하게 발달할 수 있다고 주장하였어요. 에릭슨은 특별히 청소년 단계가 자아정체감을 형성하는 가장 결정적인 시기라고 이야기해요. 청소년기에 경험하는 관계들에 의해 자아정체감을 형성하게 되는데, 만약 청소년기에 자아정체감 위기를 성공적으로 극복하지 못한다면 부적절한 자아를 갖게 되어 일탈이나 비행과 같은 부적응적 행동을 보일 수 있으며, 건강한 성인으로서 성장하기도 어렵다는 거예요. 에릭슨의 이론대로라면 청소년기에 해결해야 할 과업과 위기를 해소하지 못한 채 오직 '성공'을 위해 교실에 갇혀, 남보다 앞서 나가기 위해 앉아 있어야만 하는 청소년들은 어떻게 되고 있을까요?

게임중독으로 상담을 받고 있는 중학교 3학년 영수는 초등학교 1학년부터 학원을 다니고 있어요. 밤 11시가 넘어서 집에 도착한 영수는 씻자마자 컴퓨터 앞에 앉아 새벽 3,4시까지 게임을 해요. 그리고 잠깐 눈을 붙이고 학교에 가서는 수업 시간 내내 잠을 자요. 영수가 처음 게임을 하게 된 것은 초등학교

2학년부터였어요. 친구들과 놀 시간 없이 학원을 다니다 보니, 게임을 하는 친구들이랑 소통이라도 하라고 부모님이 게임기를 사주셨어요. 그때부터 영수의 놀이터는 게임이 되었어요. 그 안에서만큼은 정말 자유롭게 뛰어다니며 친구들과 놀 수 있었으니까요. 그렇게 게임 안에 갇혀가는 줄도 모르고 말이에요. 결국 게임중독으로 부모님이 상담을 요청하게 되었어요.

고등학교 2학년인 준서는 소위 말하는 히키코모리(은둔형 외톨이)예요. 하루 종일 방 안에서 꼼짝 않고 컴퓨터로 야동만 보고 있어요. 중학교 3학년 무렵 야동에 중독되었고, 지금은 집 밖으로 한 발자국도 내딛지 않는 상태가 되었어요. 준서는 초등학교 1학년 때부터 수없이 많은 학원을 다녔어요. 학원이 끝나면 집에 와서 씻고 자기 바빴고, 선행학습을 통해 같은 반 친구들보다 먼저 알고 더 잘하는 삶이 처음엔 만족스러웠어요. 그런데 중학교 2학년부터 조금씩 이성에 관심을 갖게 되었어요. 자연스러운 현상이었죠. 같은 반 여자 친구가 좋고 예쁜 '아이돌'들이 좋았죠. 하지만 그것을 모두 표현할 수는 없었어요. 공부하고, 공부하고, 또 공부해야 했으니까요. 그러던 어느 날, 유튜브에서 조금은 선정적인 영상을 보며 처음 자위를 시도했고, 그 쾌감에 빠져 다음날도 그 다음날도 조금 더 자극적인 영상을 찾고 찾으며 밤을 지새웠어요. 지금은 성 중독에 갇혀서 벗어나지 못하고 있어요. "저도 나가고 싶어요. 그런데 무서워요"라는 준서의 하소연이 아직도 제 가슴을 울려요.

청소년들은 건강한 사회 환경 안에서 과업과 위기를 극복하는 법을 배우게 되어 있어요. 또한 어느 때보다 에너지가 강해지는 시기이기 때문에 그 에너지를 사용하기 위해 놀이터를 찾게 되는 거예요. 그런데 우리 사회와 가정은 그들에게 놀이터에 갈 수 있는 시간을 주지 않고 있어요. 그러다 보니 그들은 자신들만의 놀이터를 만들기 시작한 거예요. 흡연이라는 놀이터에서, 스마트폰이라는 놀이터에서, 게임이라는 놀이터에서, 심지어 음주라는 놀이터에서…. 어쩌면 어른들이 청소년들을 컨트롤하기 위해 준비한 놀이터들 중에서 선택한 것일 수도 있지요. 그렇게 선택한 그들만의 놀이터는 굉장히 건강하지 못한 인공적 사회 환경을 제공해요. 그 인공적인 사회 환경 안에서 부적절하고 왜곡된 자아 정체감을 갖게 되고, 그 정체감을 바탕으로 이루어지는 삶의 경계들은 <u>스스로</u>를 무너뜨리게 해요.

자아정체성이 불안하고 왜곡된 청소년들은 어떤 과업을 수행할 때 자신의 능력을 믿는 '자아 효능감'이 굉장히 낮게 나타나요. 자신을 믿지 못하고 불안함을 갖게 되고, 그 과업을 해결하지 못하는 것에 대한 죄책감을 얻기 마련이죠. 이런 맥락에서 볼 때, 청소년들의 자해에 대한 조사 결과와 나만의 놀이터에서 살고 있는 청소년들이 아무 관련이 없다고 할 수 있을까요?

두 번째 감옥 : 미래에 대한 공포

버스를 좋아하는 제 아들이 하루는 "버스기사가 될 거야!"라고 자신의 꿈을 이야기했어요. 저도 아내도 잠깐 할 말을 잃었죠. 그리고 타협한 아주 폭력적인 의견이 이거였어요.

"버스회사 사장님이 되면 좋겠다. 그럼 저렇게 많은 버스가 다 네 버스가 될 거야."

저도 모르게 아들의 꿈에 간섭하게 된 거예요. 마치 버스기사는 성공적인 삶이 아니라고 생각하는 의식적 불안이 아들의 꿈을 바꿔놓으려 한 것이었어요. 이처럼 자녀의 미래에 간섭한 것이 우리 가족만의 이야기는 아닐 거예요.

부모들이 자녀의 성공적인 미래를 위한답시고 만들어놓은 또 하나의 감옥이 바로 '미래'예요. 부모들은 지금 자신이 살고 있는 현실에 만족하지 못하고 있어요. 그러다 보니 자연스럽게 자신의 자녀들은 보다 성공적인 삶을 살기를 바라게 되었어요. 하지만 그러한 성공적 결과를 얻기 위해 어느 정도 강제적 수단을 선택하게 되었고, 그것이 바로 '미래에 대한 두려움'을 심어주는 것이 되었어요. 예를 들어, 공부는 안 하고 매일같이 친구들과 노는 일에만 몰두하는 아이가 있어요. 그러던 어느 날 서울역에 누워 있는 노숙자 아저씨를 가리키며 "너 지금처럼 공부 안 하면 나중에 저렇게 될 수도 있어!"라고 극도의 공포심을 불어넣는 거죠. 그러면 그 아이는 공포심에 갇혀 결국 공부를 시작하게 되는 거예요. 아시다시피 공포는 긴장을 유발해요. 미래에 대한 공포에 노출된 청소년들은 매일을 긴장하며 살아가죠. 그 긴장은 삶을 즐기지 못하게 하고, 심지어 삶을 포기하게 만들고 있어요.

초등학교 5학년 민지의 꿈은 9급 공무원이에요. 부모님이 공무원이 제일 안전한 직업이라고 말했기 때문이에요. 얼마 전까지 고기집 사장님이 되고 싶었던 중학교 1학년 재홍이는 월급 받는 직업이 최고라는 부모님의 말에 꿈을 포기했어요. 그림 그리는 것이 좋은 고등학교 2학년 선영이는 "화가는 돈을 못 벌고 어렵게 살 수도 있다"는 부모님의 이야기에 그림 그리는 것을 멈추고 회계사가 되겠다고 해요.

초등학교 2학년 때 하늘의 별 보기를 좋아했던 저는 천문학자가 꿈이었어요. 4학년 때는 파브르의 곤충기를 읽고 곤충학자가 되는 게 꿈이었고, 국사에 꽂혀 국사만 공부하던 고등학생 때에는 국사 교사가 꿈이었어요. 내가 꾸던 꿈의 어느 자리에도 부모님의 간섭은 없었어요. 그런데 지금 이 시대의 청소년들은 미래에 대한 두려움에 갇혀 부모로부터 삶을 디자인 받게 되었어요.

요즘 다양한 직업군에서 일어나는 성적 범죄 뉴스를 심심치 않게 접할 수 있어요. 환자를 성폭행한 의사, 이성의 몸을 몰래 촬영한 어느 아나운서의 이야기 등은 미래에 대한 두려움에 갇혀 세상적인 성공에 몸을 던진 사람들의 이야기가 아닐까요?

미래에 갇혀 있는 수많은 청소년들이 정말 앞만 바라보며 달리고 있어요. 하지만 그 안에 기쁨은 없어 보여요. 달리고 달려서 도착한 곳엔 또 다른 미래를 위한 시작이 있기 때문이에요. 공부 잘해서 좋은 대학에 가고 좋은 성적으로 졸업하고, 좋은 직장에 취업해서 돈을 벌고 서울에 집을 사서 결혼하고, 아이를 낳고 공부 시키고 좋은 대학에 가게 하고, 좋은 직장에 취업해서 돈을 벌고 서울에 집을 사게 하고…. 쳇바퀴 돌 듯 미래에 갇혀 살아가는 아이들의 삶, 또 그 아이들의 자녀들의 삶은 마치 중독된 듯 미래를 벗어나지 못하고 있어요.

2015년 9월 양천구의 한 중학교에서 부탄가스 폭발 사고가 있었어요. 가정과 학교에 불만이 있던 중학생이 전에 다니던 중학교 빈 교실에 들어가 부탄가스를 폭발시키고, 모든 과정을 유튜브로 생중계한 충격적 사건이었어요. 이 학생은 학교와 부모에게 불만을 품던 중 유튜브를 통해 미국 총기난사사건의 주범인 조승희를 보았고, 그처럼 자신도 무언가를 남기고 싶어서 범죄행위를 유튜브와 SNS에 올렸다고 했어요.

이처럼 미래를 위해 오늘을 버려야 하는 청소년들과, 이미 정해진 미래로 오늘을 포기해버리는 청소년들은 사회와 부모를 원망하면서 또 다른 공포로 사회와 부모를 두렵게 만들고 있어요. 과연 이 모든 것의 시작이 청소년들 탓일까요? 사실 이 모든 것은 부모의 불안에서 시작된 것이에요. 그 불안의 감옥 안에 자신도 아이도 스스로 갇혀 있어야 안심이 되었기 때문이 죠. 그렇게 아이들은 부모에게 갇혀 버렸고, 부모들 역시 아이 들에게 갇혀 버렸어요.

현실의 셋째 이유 :
그때 '그 아이'가 괴물이 되어버렸기 때문이에요

제 딸아이가 세 살 무렵 독감에 걸려 고열이 날 때였어요. 밤새 한 숨도 안 자며 물수건으로 몸을 닦아주고 열을 재기를 반복 하며 기도했어요. "우리 아이, 공부 잘하지 못해도 괜찮아요. 건 강하게만 자라면 좋겠어요."

그렇게 기도로 키운 아이가 지금은 열 살이 되었어요. 어느 날 같은 반 아이는 벌써 구구단을 다 외웠다는 말에 가슴이 철 렁하는 기분이 들었어요. 같은 반 누구는 학원을 네 군데나 다 닌다는 말에 불안해지기 시작했어요. 그래서 한밤중에 아내와 긴급회의를 했죠. 주제는 '우리 딸 이대로 괜찮은가?'

아무것도 바라는 것 없이 그저 건강하기만을 기도하던 그때 의 그 아빠는 어디로 갔을까요? 그런데 말이에요….

"그때 그 아이는 어디로 갔을까요?"

이게 자녀와의 문제로 상담을 받는 부모님들의 입에서 대부분 나오는 말이에요. 도대체 그렇게 사랑스럽던 아이는 어디로 가고, 지금은 괴물 같은 아이가 내 앞에 있는지 모르겠다는 한숨 섞인 부모들의 하소연.

언제부터 청소년들은 부모에게서, 그리고 사회에서도 괴물처럼 여겨지게 되었을까요? 아마도 건강하기만을 바라며 기도했던 아버지가 옆집아이와 내 아이를 비교하기 시작한 그때가 이 모든 저주의 시작이 아니었을까요?

자녀의 존재만으로도 행복했던 부모들은 다양하게 접하는 양육 정보 속에서 열등감(콤플렉스)을 갖게 되어요. 바로 '옆집아이 콤플렉스'죠. 옆집의 아이는 무엇을 잘하고, 옆집의 아이는 한글을 언제 뗐고, 학교에서 반장이고 등등, 이 모든 소식들은 내 곁에서 여전히 아이스크림이나 빨고 앉아 있는 아이를 흔들고 싶게 만들죠. 그렇게 시작된 '옆집아이 만들기 대작전' 속에서, 우리의 아이들은 옆집아이가 되지 못하고 부모들 앞에서 괴물로 변해가고 있어요.

첫 번째 괴물 : 권위자가 된 아이

고3이 된 수현의 어머니는 식당에서 일하고 있어요. 가정이 부유한 편이지만, 수현의 요구를 들어주려면 어머니도 일을 해야만 했어요. 수현이는 중학교 3학년 때부터 훌륭한 옆집아이로 자라기 시작했어요. 학원을 보내주고 과외를 시키고 운동을 했죠. 그럴 때마다 부모님은 수현에게 보상을 해주었어요. 처음엔 학원을 다니면 유행하는 옷을 사주겠다는 약속을 했어요. 그런 보상적 약속이 이어지고 수현이의 요구는 날이 갈수록 커지게 되었어요. 모든 요구가 받아들여지면서 '훌륭한 옆집아이'가 되어가던 수현이는 집에서 사실상 왕처럼 군림하고 있었어요. 심지어 고3이 된 지금은 폭군이 되어버렸다고 어머니가 하소연을 해요. 먹는 음식부터 집안에서 나는 소리까지, 하나라도 조금만 마음에 들지 않으면 온갖 짜증과 분노를 쏟아낸다고 해요.

이처럼 자신의 자녀를 누구나 부러워 할 만한 옆집아이로 키우기 위한 부모의 노력은 가정 내 위계 자체를 바꾸어 놓았어요. 가장 높은 자리를 아이가 자리 잡은 거죠. 결국 이 위계를 견디지 못한 부모는 다시 권위를 찾아오려 하지만, 권위 위에 올라 있는 자녀는 그 자리에서 좀처럼 내려오려 하지 않죠. 기본적인 예의와 규칙에 대한 부모의 호소에 자녀는 언어 위협이나 폭력적 행동(자해까지 포함)으로 맞서기 시작하는 거죠. 제롬 프라이스(Jerome Price)라는 학자는 이것을 '부모 학대'라고 정의했어요. 자녀들은 부모 학대를 통해 부모를 위협하고 협박하며 굴복시키려 하고, 그것을 통해 자신들이 원하는 것을 얻고 있는 것이에요. 이렇게 권위자가 된 아이들이 부모의 눈에는 마치 '괴물'처럼 보이게 된 것이죠. 부모들은 그제야 외부에 도움을 요청하지만, 자녀들에게는 그런 행위마저 권위와 거리가 먼 부모를 발견하게 되는 것으로 보기도 해요.

　누가 아이들을 권위자의 자리에 앉혀 놓았을까요? 답은 뻔하지 않나요?

두 번째 괴물 : 본능대로 행동하는 아이

옆집아이로 만드느라 여념이 없던 어느 순간, 아이의 변형된 모습에 크게 놀랐다는 어머니들의 증언이 이어졌어요. 밤새 스마트폰을 보느라 눈은 벌겋게 충혈돼 있고, 옷에서는 담배 냄새가, 어느 날엔 술 냄새가 났다는 이야기…. 청소년기의 자녀들은 이런 본능적이고 순간적인 쾌락에 쉽게 빠져들게 되어 있어요. 하지만 보편적 가정 안에서 학습되는 순차적 쾌감의 성취는 순간적 쾌락과 거리가 멀죠. 순차적 쾌감이란, 예컨대 부모와의 대화를 통해 문제가 해결되는 경험 같은, 과정이 있는 쾌감을 이야기하는 것이에요. 하지만 요즘 대부분의 청소년들은 부모와의 교감을 통한 순차적 쾌감을 얻는 시간이 별로 없어요. 그저 훌륭한 옆집아이로 자라야 하는 부모의 꿈에 갇혀 살고 있기 때문이에요. 그러다 본능적인 순간적 쾌감을 맛보게 되면 그곳에서 벗어날 수 없게 돼요. 앞서 말한 '나만의 놀이터'에 갇혀버리게 되는 것이죠.

　나만의 놀이터에서 자란 자녀들은 그 놀이터에 부모가 들어오는 것을 용납하지 않아요. 게임을 하던 중에 어머니가 컴퓨터 전원을 꺼버리자 창밖으로 투신한 아이, 담배를 끊게 하자 금단 현상으로 부모에게 분노하는 아이, 이런 놀이터에서 뛰어노는 아이들은 조금씩 부모 앞에서 '괴물'이 되어가고 있는 거예요.

세 번째 괴물 : 부모의 약점을 공격하는 아이

옆집아이로 변하면서 위계의 권좌에 앉게 된 아이들은 부모의 약점과 부모를 공격할 무기를 너무나 잘 알고 있어요. 자녀와 친구처럼 지내던 시절에 시시콜콜 해주었던 부모의 어릴 적 이야기들, 가슴 아팠던 사건들, 심지어 부모 사이에서 나눈 대화조차 권위자가 된 아이들에겐 효과적인 공격 포인트가 되어버리죠. "그러니까 아빠가 엄마랑 같이 안 사는 거야!"라는 열여섯 살 딸의 말을 듣고 딸과 싸웠다는 어느 어머니의 고백에 가슴이 많이 아팠어요. 딸이 얼마나 '괴물'처럼 보였을까요?

자녀들은 옆집아이가 되어가는 과정이 자신을 위한 일이라고 여기지 않아요. 부모의 기대에 부응해야 한다는 일종의 책임감이 작용하게 되어 있어요. 하지만 책임을 지기엔 너무 이른 나이이기에, 아이들은 그 책임에 대한 보상을 부모에게 요구하게 되는 거예요. 또한 그 보상체계의 유지를 위해 자녀들은 끊임없이 부모를 공격해야만 해요. 그래야 원하는 것을 얻을 수 있기 때문이죠. 그들은 언제든 부모가 통제력을 잃고 무너지게 하는 버튼을 알고 있는 거예요. 그 버튼만 누르면 어머니가 또는 아버지가 무너져 자신의 의지대로 움직이는 경험을 했기 때문에, 무차별적으로 공격하는 그들의 모습은 부모들에게 두렵게 느껴질 수밖에 없어요. 마치 내 자식이 아닌 것처럼 말이에요. 사실이죠. 내 아이를 옆집아이로 키웠으니까.

하지만 진짜 괴물은 누구일까요?

어른이라도 밤에 거리를 걷다가 어두운 골목에서 담배 불빛이 보이고 그 빛에 비취는 교복 입은 청소년들을 만나게 되면 왠지 모를 두려움에 휩싸인 채 그곳을 피해 돌아갈 거예요. 이처럼 괴물 같은 청소년들은 사회 안에서 위험 요소로 자리매김하고 있어요.

다른 사람 눈을 의식하지 않고 큰소리로 떠드는 모습, 관습과 규범에 반항하는 모습, 자신들만의 언어로 분위기를 해치는 모습은 사회가 청소년들을 기피하게 만드는 대표적인 모습이죠. 심지어 부모도 자신들의 자녀를 피하기에 이르렀어요. 하지만 청소년들의 자기중심적인 도덕적 가치관과 반항적 요소, 위협적인 행동들은 그들을 기피하고 있는 사회와 가정에서 비롯되었음을 알아야 해요.

1818년 발표 된 〈프랑켄슈타인〉이라는 소설의 주인공인 빅터 프랑켄슈타인은 시체들의 조각을 모은 후 '생명의 불꽃'을 주입해 피조물을 탄생시켰어요. 하지만 피조물의 모습이 흉악한 괴물 같았기에 빅터 프랑켄슈타인은 괴물을 버리고 도망을 가게 되어요. 그 후 살아남은 괴물은 한 가정에 몰래 숨어들어 말과 글을 배우며 성장하게 되죠. 그런 노력에도 불구하고 괴물은 사회에서 경멸의 대상이 되어 버려요.

〈프랑켄슈타인〉에 등장하는 괴물과 지금 우리가 마주하고 있는 청소년이 묘하게 오버랩되는 이유는 무엇일까요? 이 집 저 집 아이들의 장점들을 긁어모아 내 아이에게 붙이고 붙여 만든 '우리 집 아이'의 모습을 바라보니, 이제는 괴물과 같아져서 그와 마주하고 있는 것이 불편해져버렸다는 수많은 부모들의 모습이, 시체 조각을 모아 붙여 만들어낸 괴물을 버린 빅터 프랑켄슈타인과 다를 것이 있을까요? 만들어진 그들이 괴물일까요? 그들을 만들어낸 어른이 괴물일까요?

저는 방과후에 날마다 친구를 집으로 데려오는 딸아이를 보며 '이 녀석 공부는 언제 하지?' 하는 걱정을 하곤 했어요. 그런데 어느 날, 딸아이의 친구가 제 딸을 보며 부럽다고 하는 거예요. 학원을 다니지 않고 집에서 엄마 아빠와 놀 수 있는 것이 너무 부럽다고요. 그 아이는 벌써 5학년 수학을 술술 풀 수 있는 '옆집아이'인데 말이에요.

부모의 눈으로 볼 때 학원을 여러 개 다니며 내 딸보다 뛰어나 보이는 그 '옆집아이'의 부모가 부러웠는데, 그 '옆집아이'는 '옆집친구'를 보며 부러워하고 있었어요. 잘 생각해보니 우리 아이도 어느 부모에게는 '옆집아이'였어요. 물론 공부 잘하고 학원 많이 다니며 이미 초등학교 수학을 마스터한 '옆집아이'는 아니었지만, 우리의 '옆집아이'가 부러워하는 '옆집친구'였던 거예요. 아이를 불행하게 만드는 것은 아이들이 아니에요. 그 아이를 바라보는 부모들의 불안한 시선이, 입에서 나오는 말이, 행동이 아이들을 불행하게 만들고 있는 거죠.

기억하나요? 우리의 자녀들이 처음 우리 눈앞에 나타나던 날, 우리를 처음으로 엄마 아빠라고 불러 주던 날, 혼자서 숟가락을 들고 밥을 먹느라 온몸에 반찬을 뒤집어 쓴 날, 첫 걸음을 내딛으며 나에게 안겨주었던 그날, 아프지 말라고 다친 내 손가락에 "호오" 하며 바람을 불어주던 그날.

지금 우리 앞에 마주하고 있는 그 아이가, 괴물로만 보였던 그 아이가, 두말할 것 없는 우리의 자녀들이에요. 부부간의 사랑의 결실로 만나게 된 우리의 행복이죠. 그저 우리가 살아온 세상에서 내 아들과 딸이 잘 살 수 있게 해주고 싶은 불안 때문에, 아이에게 세상의 가치를 붙여준 것이에요. 지금도 그 아이는 여전히 우리가 억지로 붙여놓은 '옆집아이'의 조각들에 갇혀서 우리를 찾고 있어요. 지금도 여전히 그 아이는 그곳에 있을 거예요. 그때 그 아이는 사라지지 않았으니까요.

현실의 넷째 이유 :
아이들에게 채워야 할 구멍이 생겼어요.

하나님과 함께 살면서 완벽할 수 있었던 우리가 죄로 인해 하나님과 분리되면서, 우리에게는 모두 큰 '구멍'이 생겼어요. 이 구멍을 '근원적 결핍'이라고 해요. 그래서 우리는 이 근원적 결핍에 수많은 것들을 채우게 되고, 이것을 욕구라고 부르고 있어요. '욕구'라는 것을 미국의 심리학자인 매슬로우라는 사람이 잘 정의했어요. 욕구는 5단계로 구분되는데, 크게 상위욕구와 하위욕구로 나뉘어져요. 그 중 청소년기에 해당하는 욕구를 살펴보면,

첫째는 생리적 욕구인데, 이 욕구는 본능적인 욕구예요. 식욕, 성욕, 수면욕 등이 여기에 속하죠.

둘째는 안전의 욕구인데, 이 욕구에는 편안함, 안전, 안정감 등이 있어요

셋째는 애정 소속감의 욕구인데, 이 욕구는 가족이나 연인, 친구와의 사회적 관계를 바탕으로 해요.

여기까지를 결핍욕구라고 부르는데, 이것은 사람이 태어나면서부터 갖게 되는 기본 욕구에요. 이 세 가지 욕구들 대부분은 스스로 결핍을 해결할 수 없어서 누군가 결핍을 채워주어야 하는 영유아기부터 청소년기 사이에 필요한 욕구들이에요. 이 결핍을 누군가 채워주어야 하는데, 사실 결핍은 우리가 하나님

과의 관계가 끊어짐으로 생겼기 때문에, 하나님과의 관계가 회복되면 자연스럽게 채워지죠. 하지만 그 과정이 그리 쉽지 않기 때문에 그 구멍을 대신 채워줄 대상이 존재하게 되었어요. 바로 '부모'예요. 앞서 말한 대로, 부모 중에 엄마가 더 중요한 역할을 해요.

"신이 모든 곳에 있을 수 없어서 어머니를 보내주셨다"라는 말을 들어보셨죠? 물론 무소부재하신 하나님의 이야기가 아니라 인간들이 상상해낸, 허접하게 만들어낸 신의 이야기이겠지만, 그 정도로 어머니의 역할이 굉장히 중요하다는 사실을 말하고 있어요. 그런데, 이 시기에 그렇게 중요한 부모가 역기능적인 모습을 보여줄 때 문제가 생기게 됩니다.

어린 시절에 저희 가정은 굉장히 역기능적이었어요. 아버지는 사업에 실패하시고 책 외판원을 하셨어요. 마음대로 되지 않는 삶이 힘들어 매일 술을 드셨고, 어머니는 그런 아버지가 싫어서 매일 교회에 가서 사셨어요. 그러던 어느 날 엄마가 형과 저를 부르시더니 낮잠을 자자고 하시는 거예요. 무언가 이상한 느낌이 들어 화장실에 다녀온다고 하고 방을 나섰어요. 그 당시엔 단칸방에 부엌이 딸린 작은 집에 살았어요. 문을 열고 나가면 바로 부엌이고 보일러가 있는 구조였는데요, 나가보니까 연탄보일러 뚜껑이 열려 있었어요. 그때 '호섭이'라는 드라마에서 주인공이 연탄가스를 잘못 마셔서 바보가 된 내용을 알고 있던 터라, 연탄보일러 뚜껑을 열어놓는 것이 무엇을 의미하는지 정도는 알고 있었어요. 그래서 살짝 연탄보일러 뚜껑을 닫고 다시 방으로 가서 엄마 옆에 누워 있었어요. 엄마 옆에서 얼마나 무섭고 화가 났는지 몰라요. 어린나이였지만 엄마에 대한 배신감이 굉장히 컸어요. 이렇게 경험한 '여자에 대한 잘못된 가치관'과 역기능적인 가정에서 채움을 받지 못한 자극들이, 그 당시 제게 있던 '근원적 결핍'이라는 구멍에 가득 차게 된 거예요. 결국 결핍이라는 구멍은 더 커졌을 거구요. 하나님께서 이 구멍을 채워줄 사람으로 엄마를 보내주셨지만, 어머니가 그 구멍을 제대로 채워주지 못했던 거예요. 구멍을 채워야 할 청소년기에 흔들리는 가정 안에서 더 강하게 흔들렸고, 채워야 할 것을 채우지 못하고 왜곡된 욕구를 채운 거예요. 꽤 오랜 시간을 제 안에 있는 구멍에 채워진 왜곡된 것들을 비우는데 보내야 했어요.

자신의 구멍을 확인하는 시기

청소년기는 자신에게 있는 구멍을 처음 발견하는 시기에요. 그 구멍 안에 무엇이 채워져 있고 얼마나 채워져 있으며, 그것이 만족스러운지 아닌지 확인해요. 다행히도 대부분의 청소년들의 구멍에 부모님이 채워주신 사랑, 포근함 등등이 채워져 있을 거예요. 왜냐하면 어린 시절만 하더라도 무엇을 해도 예쁘니까, 안아주고 뽀뽀해주고 사랑한다고 이야기하거든요.

그런데 아이들이 청소년기에 접어드는 순간 위기가 시작돼요. 귀엽고 예쁘던 자식은 온데간데없고, 웬 시커먼 놈이 밥상머리에 비딱하게 앉아서 스마트폰만 쳐다보고 있어요. 또 어떤 까칠한 여자애가 거울 앞에서 입술을 뻘겋게 칠하고 눈썹을 진하게 그리고 있죠. 게다가 이놈들은, 옆집 애들이 잘 하는 공부를 절대 안 해요. 그런 상황에 사로잡혀 엄마들은 불안해지기 시작하고, 그때부터 이런 잔소리가 시작되지요.

"공부해! 너 커서 뭐가 되려고 그러냐? 책상에 붙어 있는 꼴을 못 보네."

아빠를 닮았느니, 엄마를 닮았느니, 부모가 아이들의 삶을 폄훼하며 자기 자식을 남의 자식보다 더 사랑하지 않는 것 같은 메시지를 주는 겁니다.

앞에서 말한 것처럼, 청소년기는 자신의 구멍을 확인하는 시기에요. 그런데 예전과는 다르게 그 구멍을 부모들이 완벽하게 잘 채워주지 못해요. 빈 곳이 많아졌어요. 그래서 그 빈 곳을 채워줄 인격적 대상을 찾아요. 바로 친구예요.

고등학교 3학년인 선아가 자해를 해서 상담을 하게 되었어요. 상담을 해보니 자해 중독과 아주 깊은 우울증이었어요. 선아는 흔히 말하는 '엄친딸'이었어요. 모든 엄마들의 옆집아이였지요. 하지만 선아는 그 삶이 싫었다고 해요. 선아의 엄마는 항상 '공부해라, 공부 잘해야 예쁜 딸'이라는 메시지를 주었어요. 그래서 선아는 엄마의 예쁜 딸이 되기 위해 애를 썼어요. 공부도 열심히 하고, 그러다 사춘기가 왔고, 다른 아이들과 똑같이 자기 구멍을 들여다보니까, 그 구멍 안을 채운 것이라고는 '공부 잘 해야 예쁜 딸'이라는 것뿐이었던 거예요. 그러다 선아는 자신과 비슷한 친구를 만났어요. 그 친구와 모든 시간을 함께 하며 같이 자해를 시작했어요. 이렇게 '친구' 때문에 죽어가는 애들이 전국에 굉장히 많아요.

부모가 자녀의 구멍을 얼마나 채워주느냐에 따라 아이들의 삶이 큰 영향을 받게 되어요. 예를 들면 자녀의 구멍에 건강한 부모가 건강한 것으로 80을 채우고 있으면 이 아이는 흔들릴 가능성이 그만큼 낮아져요. 하지만 부모가 20밖에 채워주지 못했다면, 이 아이는 80을 채우기 위해 수많은 것들을 구멍에 넣어 보며 삶이 흔들리게 되는 거예요. 이처럼 부모의 역할이 중요합니다. 부모님들이 자녀들의 구멍을 잘 채워주어야 하는 거죠. 그러면, 부모들이 그 구멍을 무엇으로 채워주어야 할까요?

첫째로 채울 것은 '올바른 가치관'이에요.

예를 든 것처럼 요즘 자해와 자살이 굉장히 유행입니다. 심각해요. 왜 이렇게 되었을까요? 앞서 말한 대로 청소년들은 이 생망, "이번 생은 망했다"고 해요. 왜 한창 꿈을 꾸고 있어야 할

이 아이들이 이생망이라고 할까요? 이들의 논리는 이거예요. "가정과 사회와 학교에서 공부 못 하면 좋은 대학에 못 가고, 좋은 대학에 못 가면 좋은 직장에 못 가고, 그럼 결국 돈을 많이 못 벌어서 불행하게 살 거야!"라고 지속적으로 스스로에게 메시지를 주어요. 심지어 교회에서도 서울대학교에 합격한 아이를 위해 현수막을 달죠. 이것이 아이들의 가치관이 되어요.

'아, 돈이 많아야 행복하구나. 그러려면 공부를 잘 해야 하는구나.'

성경을 보면 거라사라는 동네가 있어요. 언제부턴가 거기에 귀신들린 사람이 나타나서 사람들을 놀라게 하는 거예요. 사람들이 무서워서 그 길을 찾지 않았어요. 그러던 어느 날, 예수님께서 그 길을 지나가셨어요. 그러자 그 귀신들린 사람이 자기를 돼지떼에게 보내주시기를 원하고, 결국 귀신들은 돼지에게 들어가서 죽게 되었죠. 그 시기엔 귀신들린 사람이 참 많았어요. 왜 그랬을까요? 유대인들 모두가 하나님을 믿고 있었기 때문에, 사탄이 귀신들린 모습으로 나타나 막 무섭게 해서 자기를 두렵게 만들어, 하나님보다 사탄을 신경쓰게 만들려고 그런 거예요.

그런데 요즘에도 귀신들린 사람이 많은가요? 드라마와 영화에서처럼 귀신들린 사람들이 동네마다 하나씩 있나요? 그렇지 않죠? 그 이유가 뭐예요? 굳이 사탄이 사람 몸 속까지 들어

가서 무섭게 할 필요가 없기 때문이에요. 아니, 오히려 그러면 하나님의 존재가 더 확실해지기 때문에, 다른 방법을 선택하는 거예요. 뭘까요? 가짜결핍을 보여주는 거예요.

사탄은 부모들에게 가짜결핍을 보여줘요. 돈이 많아야 채워질 것처럼, 세상에서 잘 살아야 행복할 것처럼, 그래서 부모들은 불안해져요. 교회를 다니는 부모들마저 아이들에게 하나님이라는 온전한 것을 채워주지 않고 세상적 가치관을 채워주고 있어요. "그래야 세상에서 잘 먹고 잘 살 수 있어!"라며 왜곡된 욕구를 알려주고 있는 거예요. 마치 아담과 하와에게 선악과를 먹으면 하나님처럼 될 수 있다고 말한 사탄의 속삭임처럼, 부모들이 아이들에게 가짜결핍을 말하고 있어요.

안아주고 품어주고 함께 해주고 기다려주며, 안정된 부모의 사랑을 채워주어도 빈틈이 생기는 게 청소년기의 구멍인데, 그 구멍을 그냥 비워두는 게 차라리 나을 정도로 부모들이 세상적 가치관을 채우고 있는 거예요. 부모가 채워주어야 할 것이 채워지지 않고 도리어 세상적인 가치들이 채워지니까, 그것을 감당하기 어려운 아이들은 비워진 공간을 왜곡된 자극들로 채워가게 됩니다. 그래서 이 시대 수많은 청소년들이 죽기 위해 살아가요. 오늘이라는 하루를 굉장히 불행해 하며 살아가는 거예요. 그런 가치관을 갖게 된 청소년들은 앞서 말한 대로 '이번 생'을 포기하는 거예요.

부모들의 가치관이 먼저 바뀌어야 합니다. 어른들의 가치관이 바뀌어야 아이들이 살아요. 부모부터 하나님 나라의 가치관으로 살아야 합니다. 그렇다면 하나님 나라의 가치가 뭘까요?

"너희는 먼저 그의 나라와 그의 의를 구하라 그리하면 이 모든 것을 너희에게 더하시리라"(마 6:33).

하나님 나라의 가치관은 하나님 나라를 바라며 살아가는 거예요. 부모가 세상에서 평생 머물러야 하는 것처럼 살아가면 우리 아이도 세상에서 평생 머무를 것처럼 살아가요. 그런데 엄마 아빠가 하나님 나라를 바라보며 살아가면 우리 아이들도 이 땅을 소풍처럼 누리면서 살아가요. 하나님 나라의 가치관으로 채워주는 것, 그것이 부모가 해야 할 첫 번째 채움이에요.

둘째로 채울 것은 '기다림'이에요.

기다림을 여유라고 하죠. 앞에서 조금 다룬 것처럼, 아이가 어릴 때는 자녀에게 참 많은 여유를 줍니다. 아이가 넘어져도 바로 일으키지 않죠. '스스로 일어나는 아이가 되었으면' 하는 바람에 부모는 멈춘 자리에서 아이를 기다려주어요. 그러면 아이는 스스로 일어나 손을 털고 부모에게 달려와 안겨요. 그리고 기다림이 주는 건강한 자극을 구멍에 채워요. 그러다가 한 순간에 이 여유가 사라지는 시기가 와요. 부모의 기대와 다르게 변해가는 자녀를 발견하는 그때에요. 아이가 부모의 삶과는 다른, 조금 더 나은 삶을 살기 바라지만, 점점 더 부모와 닮아가는 자녀들을 보며 부모들은 여유가 사라져요. 사랑한다는 말보다 공부하라는 말이 더 많아지고, 제자리에서 기다려주던 부모의 모습은 사라지고, 자녀에 대한 높은 기대는 부모를 자녀에게서 더 멀리 떨어뜨려 놓아요. 몸집은 커졌지만, 여전히 아이인 우리 자녀들은 더 이상 그 모습에서 기다림이라는 건강한 자극을 채움 받지 못해요.

제 큰 아이가 10살이에요. 이제 막 구구단을 외우고 세 자리 덧셈 뺄셈을 하고 있는데, 제법 잘해요. 그런데 가끔 놀고 싶거나 하고 싶은 일이 있으면 마지막 문제는 몇 개씩 틀리곤 해요. 하루는 문제집 푼 걸 검사하는데, 이건 정말 너무한 거예요. 문제를 제대로 읽지도 않고 덧셈인데 뺄셈을 해놨어요. 그래서 "너 왜 이렇게 뭘 하나 제대로 집중해서 꼼꼼히 안 보고 대충하냐?" 이렇게 말했는데, 똑같은 말을 들었던 저의 어린 시절이 기억났어요. 나를 닮은 것인데, 그것을 더 이상 나무랄 수 없었어요. 그 뒤로는 기다려 주었어요. 그렇게 여유가 생기니까, 틀려서 멋쩍어 하는 아이가 그렇게 사랑스러워 보일 수가 없어요. 틀려도 괜찮다는 가치관을 심어주고, 부모는 그럼에도 불구하고 기다려준다는 채움을 주었어요. 그러니 저도 제 아이도 행복해졌어요.

특별한 재능으로 성공하는 아이들은 일부에요. 평범한 아이들이 더 많아요. 아이에게 특별한 재능이 있어야 행복해진다는 가치관을 심어주고서 서두르고 기다려주지 않으면, 아이가 부모가 말하는 특별한 아이가 되지 못할 때 그 삶은 불행에 빠져버려요. 그러므로 보통의 삶에 만족하며 행복을 누릴 수 있도록 기다려 주어야 해요. 넘어지고 부족해도 기다려주는 거예요. 있는 그대로 받아들여주는 거예요. 그렇게 기다리다 보면 적어도 아이는 부모가 채워준 기다림 덕분에 삶이 흔들리지 않아요.

사실 우리의 구멍은 하나님으로만 완벽히 채움을 받을 수 있어요. 그런데 부모가 이렇게 하나님 나라의 가치관으로 채워주고 그들의 시간으로 기다려주면, 그로 인해 부모는 아이들의 구멍을 많이 차지할 수 있어요. 그러면 아이들은 세상이라는 곳에서 흔들리지 않아요. 흔들리더라도 금방 돌아올 수 있어요. 이것이 바로 부모님이 아이의 구멍을 기다림으로 채워주어야 하는 이유예요.

셋째로 채울 것은 '교회의 역할'이에요.
부모가 아무리 좋은 것으로 채워주어도, 그것은 사람이 채워주는 거예요. 그래서 완벽하지 않아요. 그럼 어떻게, 누가 해야 해요? 교회가 움직여야 해요.

40년이 넘게 성전 미문에 앉아 있던 앉은뱅이 거지가 우리 아이들과 닮았어요. 사회와 이웃이, 앉은뱅이가 성전 미문에서 구걸하며 사는 게 가장 필요한 방법이라고 날마다 거기에 앉혀 놓았어요. 거기서 날마다 버는 몇 푼의 돈에 이 앉은뱅이 거지 는 중독돼 있던 거예요. 그런 거지에게 베드로가 무엇을 주었 나요? 이렇게 말하며 도와주었어요.

"은과 금은 내게 없다. 네가 중독된 그것이 내게는 없다. 하지 만 내겐 나사렛 예수뿐이다. 그러니 그분의 힘으로 일어나라!"

교회가 이렇게 하나님을 만날 수 있게 해주어야 해요. 하나 님께서 우리를 사랑하시기에, 죽게 내버려두실 수 없어 마련해 주신 방책이 바로 예수님의 십자가와 그 은혜를 힘입어 드리는 예배예요. 우리의 죄를 회개하면, 하나님이 우리를 찾아오셔서 만나주시는 거예요. 그것이 바로 하나님의 사랑이죠. 그래서 우 리는 예배를 드려야 하는 거예요. 청소년들에게 즐거움을 주기 위한 다양한 활동도 중요하지만, 깊이 있는 예배를 통해 하나 님을 만날 수 있도록 도와야 해요.

성전 미문에 있던 앉은뱅이 거지는 날마다 자신의 구멍을 채 우기 위해 성전 미문으로 향했어요. 하지만 거기서도 거지의 구멍은 완벽하게 채워지지 않았죠. 하지만 베드로를 통해 예수 그리스도를 경험한 후 비로소 완벽한 채움을 경험해요. 성전에 들어가 뛰어놀며 찬양했어요. 이것이 교회가 해주어야 할 채움 이에요. 우리의 구멍이 시작된 하나님과의 분리 관계를 예배를 통해 회복시켜주어야 하는 것이지요. 그래야 우리 청소년들은 완전해져요.

청소년기에는 오로지 '친구'와 '친구가 아닌 사람' 두 가지만 존재해요. 아이가 어렸을 때 우리 부모와 어른들은 그들의 친구였어요. 아이 한번 웃기려고 온갖 애교를 부렸었죠. 온 몸으로 놀아주고, 얼굴을 과감히 내어주기도 했죠. 저도 그랬던 것처럼, 아이가 아파서 밤새 고열로 시달릴 때 어떻게 기도하셨나요? "하나님, 우리 아이 다른 건 아무래도 좋으니까 건강하게만 자라게 해주세요"라고 했었죠? 뱃속에 있을 때는 어땠나요? 손가락 발가락 개수가 맞기 위해 기도하지 않으셨나요? 그런데 왜 지금은 아이들의 구멍을 채워주지 못하고 있을까요?

이제 그 구멍을 채워주어야 할 때에요. 아이들 곁에 그냥 있어주세요. 우리 아버지 하나님이 우리 곁에 늘 계시는 것처럼요. 그리고 부모들도 갖고 계신 구멍을 아버지 하나님으로 채우세요. 그분을 우리 아이에게, 청소년들에게 소개해주세요. 그러면 분명히 돌아올 거예요. 회복될 거예요.

PART.3

"나는 왜
아플수밖에
없는 걸까요?"

세 번째 이야기

"아이들을 아프게 하는 다섯 가지 구조적 원인과 대안"

김영한 목사

불안해서 학교 가고, 불안해서 교회 오고

아이들이 착하다고요? 요즘 세대들은 예전 아이들보다 착하고 조용한 것 같긴 해요. 그런데 정말 그럴까요? 집이나 교회에선 조용한 것 같지만, 또래 집단에서는 그렇지 않을 수 있어요. 집과 교회에선 왜 조용한 척할 수밖에 없을까요? 가정뿐 아니라 교회 자체가 청소년이 수동적이어야 하는 환경이기 때문이지요. 부모의 강력한 주도로 모든 집안일이 진행되니 다음 세대는 능동적일 수 없어요. 그런 모습이 겉으로는 착하고 조용하게 보이는 거예요.

교회에 가고 싶어서 가는 아이들도 있지만, 교회 가지 않으면 학원에 가야 하니 교회 가요. 반대로 학원에 가서 공부하고 싶어도 자기 의사와 상관없이 교회 와야 해요. '모태신앙'인 경우가 주로 그렇지요. 교회를 빠질 수 없는 '운명'이니 부담스러워도 억지로 와서 앉아 있는 거예요. 주일에 일찍 교회 와서 어른들의 1부 예배를 같이 드리는 아이들이 그러고 싶어서 그러는 게 아닐 수도 있어요. 교회 다니는 부모가 주일에도 학원에 보내기에, 일단 부모와 같이 어른 예배에 참석했다가 서둘러 학원에 가는 거예요. 믿음이 좋아서가 아닌 거죠.

요즘 아이들은 신앙생활도 자율성 없이 하고 있어요. 스스로 선택해서 해야 할 신앙생활 자체도 피할 수 없는 종교생활로 전락해버리고 있어요. 학업도, 신앙도, 주도권이 다 부모에게 있어요. 수련회에 가느냐 안 가느냐부터 시작해서 시험까지 미리 준비하고 대처하도록 부모가 짜놓은 스케줄을 소화하고 있어요.

교회 프로그램도 스스로 결정해서 참여하게끔 해야 하는데 그렇지 않아요. 부모의 등쌀 때문에 모든 모임에 매번 참석해야 하지요. 겉으로는 좋아 보이지만, 그렇게 하는 게 항상 좋은 것은 아니에요. 스스로 조율해서 가끔 쉴 수도 있어야 해요. "이번에는 못 가서 아쉽다." 이 정도의 아쉬움도 느껴봐야 하는데, 그럴 일이 없어요. 선택할 수도 있는 사항이 필수적, 강압적 사항이 되는 거죠.

요즘 대학교에 들어간 10명 중에 7명은 더 이상 교회에 오지 않고 있어요. 기독교는 부모의 종교이고 자신이 선택한 것이 아니라는 생각 때문에 고등학교 졸업과 동시에 교회도 졸업해요. 어릴 때부터 "하나님이 계시는데 너는 믿어져? 네가 개인적으로 하나님을 만나 봐!"라고 선택권을 줘서 스스로 결정하고 교회 다니게 했다면 이 통계는 달라졌을 거예요. 자발적으로 예배드리고 믿음도 성장했을 거예요.

예전에 제가 사역하던 교회에서 있었던 일이에요. 겨울 수련회 간 아이들은 주일 오전까지 교회 돌아오지 않고 수련회 장소에서 예배를 드렸어요. 그 수련회에 가지 못한 아이들은 교회에서 따로 중고등부 예배를 드릴 수 있도록 했어요. 친구들이 외부로 수련회를 갔기에 가지 못했던 아이들은 교회 안 올 줄 알았는데, 무려 몇 십 명이 그 예배를 드리러 와서 참 신기했어요. 설문지를 만들어 물어보았어요.

"수련회가 진행중이라 엄마에게 예배가 없다고 말하고 빠질 수도 있는데 왜 온 거야?"

그러자 답이 대부분 이랬어요.

"마음이 불안해서요."

그들이 교회 오는 이유는 그냥 하나님이 두려워서였던 거예요. 교회 오지 않으면 엄마에게 야단맞는 것처럼 하나님께 벌

받을 것 같았던 거죠. 부모가 자녀에게 "학원 안 가면 너 잘못될 거야!"라고 겁주거나 "엄마 말 듣지 않으면 미래가 없어!"라고 이야기해서 겁을 먹은 채 생활하듯이, 신앙생활도 두려움으로 하는 것이었어요. 하나님을 사랑하고 경외해서 신앙생활을 하는 것이 아니라, 그렇게 하지 않으면 저주받지 않을까 하는 두려움 때문에 예배에 참석하는 친구도 있는 거예요.

더 안타까운 것은, 교회에는 왔지만 하나님에 대해 도통 알지 못하고 무기력하게 가만히 앉아 있다가 가는 아이들도 있는 거예요. 어떻게 보면 교회를 학원 다니듯 일상 패턴처럼 참석하는 거죠. 학원에 가서도 항상 공부하는 것은 아니듯, 교회 와서도 제대로 예배드리지 않는 것이 현실이에요. 공부는 잘 안 하면서도 학원 안 가면 뒤처진다는 생각이 드는 것처럼, 교회도 안 오면 뭔가 벌 받을 것 같고, 학원이든 교회든 일상생활의 패턴을 벗어나는 게 더 불안한 거예요. 이렇게 된 건 부모의 불안감이 아이에게 전이됐기 때문이에요. 부모의 불안감이 아이들의 모든 것을 조종하는 것이죠. 이것이 신앙생활, 학업, 친구관계에 전부 영향을 미치게 되는 됩니다.

너무 바빠서 친구 관계가 약해져요

요즘 청소년들이 중요하게 생각하는 것이 몇 가지 있어요.

첫째, 모든 일에서 '의미'를 찾는 거예요. 교회에 오는 것도 의미가 있어야 하는데, 그게 잘 찾아지지 않아서 문제예요. 그래도 부모의 조종 때문에, 마음의 불안감을 없애려고 무의미하게 참석하는 거죠. 그러니 교회 가는 것도 힘들어하는 거예요

둘째, '소속감'이 중요해요. 교회부터 의미 있는 관계를 맺고 소속감을 가지게 하는 게 필요한데, 이걸 제공하지 못하고 있어요. 한 설문에서 "교회에 왜 가지 않는가?"라고 물었는데, 대답의 대부분이 "친구가 없어서"였어요. 맞아요. 청소년들이 교회 왔을 때는 의미 있는 관계가 있어야 해요. 그래야 신앙생활이 펼쳐지는데, 관계 형성부터 잘 안 되는 거예요. 그러면 교회 어른들이라도 챙겨주어야 해요. 하지만 현실에서는 누군가를 제대로 사귈 수 있는 상황이 되지 않아요.

제 딸들인 하음과 주예는 초등학교에 다녀요. 아이들 생일잔치에 친구들을 초대했는데 정말 잠깐 왔다 금방 가는 거예요. 생일잔치가 4시인데 5시 30분에 왔다 가는 친구도 있었어요. 왜 그러느냐고 물으니, 다니는 학원이 많게는 7개에서 9개라서 잠깐 왔다 다시 가야 한다는 거예요. 이렇게 바쁘니까 초등학생도 친구 사귈 시간이 없어요.

요즘 친구들은 운동도 해야 하는데, 어떻게 운동을 하느냐

하면 엄마들이 클럽을 만들어요. 농구, 축구, 피구 할 사람을 각각 모아 요일을 정해 선생님을 모시고 와요. 그렇게 클럽을 만들어서 거기서 축구, 농구, 피구를 하는 거예요. 우리는 어릴 때 밖에 나가면 늘 친구들이 있어서 같이 운동을 했어요. 돈이 안들었죠. 그런데 지금 아이들은 따로 모임 스케줄을 만들어서 그 시간에 같이 운동하고 헤어져요. 재미있는 것은, 같은 반 아이들인데도 따로 그룹을 만들어서 다른 학원 시간과 겹치지 않도록 엄마들이 스케줄을 짠다는 거예요. 친구들끼리 "우리 어디서 만나"가 아니라 엄마들이 만든 스케줄이 오히려 편하고 좋다고 해요. 왜냐하면 클럽에서는 선생님들이 가르쳐주죠, 공도 다 준비되어 있죠, 자기가 준비할 것이 하나도 없어요. 가서 땀만 빼고 오면 되는 거예요. 이게 익숙하니 나중에 청년이 되어도 자립심이 없어요.

그래서인지 요즘 젊은이들을 보면 직접 해야 할 일도 스스로 잘 못해요. 행사를 준비할 때도 테이블과 의자 등을 배치하는 이른바 '세팅'을 잘 못해요. 자동차 면허도 생각만큼 많이 갖고 있지 않아요. 1종 수동 운전 면허는 더더욱 없어요. 왜 그럴까요? 각자 공부는 엄청 잘 해요. 주어진 시간에 교재대로 공부만 하니까 지적 수준은 높아요. 학교에서 수업시간에 배우는데, '방과후 교실'에서는 더 배워요. 초등학교 1학년도 방과후 학습을 따로 해요. 그런 뒤에도 보통 3개에서 많으면 7개 이상 다시 학원을 다니는 거예요. 그래서 학습 IQ는 높은데, 일상생활에서 순발력과 관계성에 필요한 EQ는 상대적으로 낮아요. 이게 서울만 아니라 지방도 똑같아진다는 게 흥미로워요. 지방에서 열리는 교사와 부모 세미나 때 이런 이야기를 하면 다들 깜짝 놀라요. "우리가 그렇게 하는 것을 어떻게 알고 계셨지?" 하는 반응이 나오거든요. 지방 역시 상위 계층 학교로 진학시키고 싶어 하니 수도권처럼 자녀들에게 공부만 하도록 시키고 있어요. 자녀들이 아직 어리고 착하니까 그 지시대로 성실하게 공부해요. 하지만 수동적으로 살아가는 거예요. 이런 세대일수록 관계에 약해요. 대인관계에서 감정처리를 잘 못해요. 그러다 보니 속상한 일이 있어도 혼자 끙끙 앓아요. 때로는 신경질적이다가 우울했다가 좌절하기도 해요. 친구를 깊이 사귈 시간도 없어요.

어려서 대인관계를 갖지 않으면 나중에 커서 다른 사람과 어울려 사는 것이 어려워요. 혼자서 하는 것은 익숙하고 편한데, 함께 뭘 하거나 더불어 사는 것은 힘들어 해요. 그러다 보니 친구를 다양하게 많이 사귀지 않고요. 속해 있는 모임 전체가 모두 모이는 자리에도 잘 안 나가게 돼요. 아는 친구가 별로 없으니 가고 싶지 않고, 가서도 잘 사귀지 못하니 가기가 더 꺼려지는 거예요. 특히 교회에 친구가 더 없어요. 주일학교 선생님이 계시지만, 선생님에게 말해봤자 소용없다고 생각해요. '선생님은 나랑 친하지도 않는데'라고 생각하기 때문이에요.

사람은 관계를 형성하는 과정을 거치면서 성장하고 성숙하게 되는데, 관계 형성이 어려우니 관계 맺기가 잘 안 되는 것 같으면 쉽게 포기해요. 공동체성이 결여돼가요. 혼자서 하는 공부, 게임, 인터넷 서핑에 빠져요. 요즘 청소년 중에 '유튜브'를 안 보는 친구가 없어요. 영화 보고, 음악 듣고, 먹방을 보면서, 마치 자신이 하는 것처럼 쾌감을 느껴요. 컴퓨터의 가상세계에서 혼자 시간을 보내는 거예요. 미디어를 통한 간접 체험으로 대리만족을 하는 것이죠.

관계 형성을 잘 못 하다 보니 요즘세대는 '리셋 증후군'(reset syndrome) 경향이 있어요. 게임을 하다가 안 되면 다시 처음으로 돌아가는 리셋 버튼을 누르듯, 관계도 잘 안 되면 다시 리셋하려는 거예요. 잘 안 되는 관계는 그냥 끊어버리고, 다른 친구와 다시 시작해보려는 거예요. 어떤 선생님하고도 안 맞으면 다른 선생님과 다시 해보려고 해요. 그래서 교회에 잘 적응하지 못하면 다른 교회를 찾아 나서요.

교회에서 주일학교와 청년부의 소그룹을 새로 편성할 때 "제가 (소그룹에) 빠져 있었는데 다시 들어가고 싶어요"라는 연락이 많이 와요. 이런 이들 중에는 정말 사정이 있어서 한동안 빠져 있던 경우도 있어요. 처음에는 적응하려고 했지만, 리더가 마음에 안 들거나 소그룹의 멤버 중에 관계를 맺기 힘든 지체가 있으면 더 이상 참석하지 않는 사람도 많아요. 그러고 나서 나중에 소그룹이 새롭게 편성될 때 다시 들어가고 싶은 거예요. 어려운 사람, 힘겨운 환경을 겪을 때 이겨내려는 마음보다, 리셋하고 다시 시작하고 싶은 거예요.

리셋 증후군이 생긴 원인 중에 부모님의 영향을 무시 못해요. 교회에는 보내야 하니까 시설이나 프로그램이 잘 돼 있는 교회를 찾아가요. 자녀가 희생할 수도 있는 교회를 찾아가는 것이 아니라, 누리고 얻을 것이 있는 곳으로 가는 거예요. 외국에 갔다 왔으면 영어예배가 있는 교회를 찾아가요. 영어가 어느 정도 되면 중국어예배가 있는 교회로 눈을 돌려요. 부모의 이런 선택이 자녀들이 교회를 선택할 때나 다른 것을 선택할 때마다 엄청난 영향을 줍니다.

아프게 하는 첫째 원인 :
부모

돌봄을 넘어 도가 지나친 부모의 간섭

자녀를 위한 부모의 돌봄(care)은 당연하고 너무나 좋은 것인데, 지나치면 간섭이 될 수 있어요. 예를 들어 봄에 햇빛을 쐬면 기분이 좋잖아요. 봄에는 사실 햇빛을 받아야 하는데요, 부모들이 너무 민감하게 차단하는 경우가 있어요.

"봄 햇살엔 직사광선이 있어서 안 돼! 시력에 안 좋아! 대신 이런 (인공적인) 빛이 좋겠어!"

그래서 자녀들이 진짜 태양의 빛, 봄에 누릴 수 있는 따뜻한 햇살을 맛보지 못하는 거예요. 부모가 너무 예민하게 호들갑을 떠는 것이지요. 자녀 스스로 따뜻한 햇살을 느껴보고, 때로는 스스로 뜨거운 태양을 경험할 필요도 있어요. 그래서 "태양은 우리를 따뜻하게 해주는 대단한 것이지만, 피부를 태울 수 있고 시력을 잃게 할 수도 있구나" 하고 스스로 알도록 해야 해요. 신앙에서도 하나님이 자신을 따뜻하게 사랑하시지만, 불순종할 때는 자신을 태울 수도 있는 존재시라는 것을 경험하면서 알아가도록 해야 해요. 이렇게 직접 하나님을 만나게 해야 되는데, 그걸 다 차단시키는 거예요.

"주일에 교회는 꼭 가야 하지만, 그외 특별집회나 여름과 겨울에 기간이 긴 수련회 같은 것은 방학 특강 영어와 수학을 들을 수 없으니 안 돼!"

부모의 돌봄을 넘은 이런 간섭은 다음세대에게 전혀 동기부여가 안 됩니다. 학업에도 그렇고, 신앙에서도 그렇지요. 자녀가 공부를 왜 해야 하는지, 신앙생활을 왜 해야 하는지 스스로 생각하고 느끼고 결정하도록 해야 하는데, 그렇게 하지 않지요. 더구나 도가 지나친 간섭은 자립심을 갖지 못하게 해요. 이런 부모는 자녀가 해야 할 일의 이유를 스스로 찾게 하는 것이 아니라, 조건을 달면서 하게 해요.

"너 이거 하면, 너 여기에 가면, 너 이거 해내면…."

그러면 무엇인가 보상을 해주겠다고 해요. 좋은 의미의 조건으로 조종하기도 하지만, 안 좋은 조건으로 조종하기도 해요.

"너 이러면 용돈 없어. 너 이러면 먹고 싶은 거 못 먹어. 너 이러면 하고 싶은 게임 못 해. 그러면 스마트 폰 못 해. 말 안 들으면 밖에 못 나가."

자녀는 '이거 안 하면 또 난리 나겠군' 이렇게 생각하고 공포심을 느껴요. 그러다 보니 동기부여가 되기보다 강압에 수동적으로 순응하는 거예요. 자녀들이 어떤 것이든 선택할 수 있도록 기다려주고 가끔 실패도 하게 해야 하는데, 그러지 않는 거죠. 사실 부모가 먼저 경험해보았고 어떻게 하면 잘 될지 알기에, 성급한 마음으로, 덜 실수할 수 있고 더 좋은 것을 주려는 마음이 앞서는 건 이해가 돼요. 하지만 그러다 보니 자녀는 스스로 동기부여가 안 된 상태에서 억지로 하게 되는 겁니다.

기다리지 못하는 부모 때문에

신앙성장에서도 제일 어려운 일이 기다리는 것이지요. 기다리지 못해 잘못된 행동을 선택하게 되고, 그 때문에 안 좋은 열매를 맺을지도 모르지요. 하나님은 아브라함과 사라에게 불임의 나이에도 불구하고 자녀를 주시겠다고 하셨어요. 그러나 그들은 기다리지 못했어요. 그래서 사라가 여종 하갈을 아브라함에게 주어서 태어난 아들이 이스마엘이지요. 이 이스마엘의 후예 때문에 팔레스타인 땅에는 아직도 전쟁이 그치지 않고 있어요. 아브라함과 사라가 기다리지 못하고 여종을 통해 자녀를 낳아서 생긴 비극적 열매에요.

부모가 다음세대인 자녀를 기다려주지 못하고 이런 저런 행동을 하도록 시키는 것은 아주 위험해요. 부모가 원하기에 빨리 선택하도록 밀어 붙이면 아브라함과 사라처럼 나중에 비참한 열매를 맺게 돼요. 교회가 무엇인가를 원하니 다음세대가 이렇게 저렇게 해야 한다고 요구하는 말도 조심해야 해요. 특히 다음세대가 교회 일에 동원된다는 느낌을 받지 않도록 해야 합니다.

다음세대는 60년대와 80년대를 산 예전 부모세대보다 내면 세계가 강하지 않아요. 부모님 세대는 대개 가난했어요. 이를 악 물고 공부하고, 공부를 못 하는 형편이면 공장에서 일을 했어요. 그때는 일할 곳도 지금보다 상대적으로 많았고 웬만큼 공부해도 들어갈 회사가 많았어요. 그래서 학교나 사회에서 마음만 단단히 먹으면 얼마든지 강인한 정신력으로 이겨낼 수 있었어요. 남자는 눈물을 흘리면 안 된다고 들었고, 울어도 보이지 않는 곳에서 울었어요. 지금 세대는 그렇게까지 힘들게 공부하지는 않지만, 마음이 약해졌어요. 키는 커지고 몸은 무거워

졌지만, 마음은 여려졌어요.

왜 요즘세대는 공부를 잘해도 우울해 할까요? 가장 큰 이유는, 잘하든 못하든 부모님의 기대에 미치지 못하기 때문이에요. 아무리 공부를 잘해도 부모님을 만족시킬 수 없어요. 특정 지역을 언급해서 죄송하지만, 사실 강남, 목동, 송파 지역에 사는 자녀들은 우울감이 매우 높아요. 초등학교 때부터 기본적으로 학원을 몇 개씩 다녀요. 개인 과외도 많이 하고 초등학교 1학년 때부터 논술지도를 받기도 해요. 그렇게 열심히 하지만 부모의 기대치를 만족시키기는 힘들어요.

목동에 사는 기진이는 고등학교 1학년 때 처음엔 전교 3등을 하다가 2등을 했어요. 기진이 부모님은 1등을 하지 못한 것이 안타까워서 다음에는 꼭 1등을 하라고 했어요. 그래서 기진이는 정말 열심히 했지만 다음 학기에 또 2등을 했어요. 반에서 2등이 아니라 전교 2등이었어요. 그러나 기진이 아빠와 엄마는 모두 공부를 잘했던 분이었기 때문에 기진이 등수에 만족하지 못했어요.

고등학교 2학년이 되자 기진이는 우울해지기 시작했어요. 아무리 해도 전교 1등을 하지 못하고, 부모님은 그런 기진이를 격려하기보다 질책했어요. 기진이는 그런 부모님이 미워지기 시작했고, 결국 부모님이 가장 좋아하는 공부를 하지 않기 시작했어요. 칭찬 없는 부모님 밑에서 대놓고 공부를 기피하고,

성적도 당연히 계속 떨어졌어요. 일부러 성적을 떨어트리려고 답안지에 체크도 제대로 하지 않았어요.

기진이와 그 부모님과 상담을 했는데요, 기진에게도 문제가 없지는 않았지만, 부모님에게 문제가 더 크다는 것을 알게 됐어요. 아무리 잘해도 칭찬이 전혀 없으니 성취도와 만족도가 있을 리 없었어요. 칭찬은 고래도 춤추게 한다는 말이 있듯이, 다음세대도 인정이 필요해요. 아이들은 공부하는 기계가 아니에요. 인격적으로 존중 받아야 해요.

성찬이는 수도권에 있는 괜찮은 대학교에 합격했어요. 입학금을 냈지만, 1학기만 다니고 휴학해 반수를 하고 더 좋은 대학에 가려고 했어요. 왜 그러려는지 물으니 아버지가 자신이 들어간 대학을 만족하지 않으시기 때문이래요. 눈도 마주치지 않는다고 하였어요. 다행히 서울에 있는 더 좋은 대학교에 합격했어요. 그런데도 여전히 성찬이 아버지는 인정해주지 않았어요. 아버지처럼 '일류대학'에 입학하여 판사가 되지 않으면 아들로 인정할 수 없다는 거였어요. 성찬이는 결국 5가지 중독(약물, 술, 담배, 음란, 도박)에 모두 빠졌고, 우울증에 걸려 약도 먹었어요. 아무리 노력해도 부모님을 만족시킬 수 없는 자신이 밉기도 했지만, 자녀를 받아주지 않는 아버지의 냉혹함이 성찬이를 너무나 아프게 했어요. 성찬이는 공부를 잘 할 수 있었지만, 결국 스트레스 때문에 하지 않았어요. 그걸 참고 지켜보던 엄마는 더 이상 못 참겠다고 성찬이에게 화를 냈어요. 그런 다음 미안하다고 말했다가 다시 화를 내셨어요. 참다가 화를 내기를 반복하니 성찬이는 더 불안해졌어요. 나중에는 부모님에게 죽으라는 말까지 들었어요. 이렇게 자기 존재 차제를 존중받지 못하니 우울해질 수밖에 없었어요.

성찬이 엄마는 아빠만큼 공부에 집착하지는 않았지만, 엄마에게도 문제가 없던 것은 아니었어요. 엄마는 교회 직분자이기에 성찬이가 교회에서 신앙도 좋은 사람으로 보이기 바랐어요. 정말 주님을 위해 신앙생활을 하는 사람이 아니라, 교회 안팎에서 그저 자랑할 만한 사람이 되기를 바랐던 것이지요. 이건 결국 부모와 자녀 사이에서도 관계가 중요하다는 걸 보여주는 이야기예요. 이런 경우, 중독도 부모와의 안 좋은 관계에서 생기는 것이에요. 부모와 자녀의 관계가 틀어져버리니 문제아로 낙인찍히고 학업과 일상생활에서 무기력해지기 때문이에요.

부모와 자녀의 관계가 건강하지 않은 상태에서는 학업은 물론 신앙성숙을 강요하면 오히려 반감이 생겨요. 신앙이 있다는 직분자 부모님이 신앙까지 엘리트인 자녀를 만들려고 해서 그래요.

"집사님은 애 그렇게 교육해서 어느 대학교 보냈나요?"

"권사님 딸은 졸업 후 어느 기업 다녀요?"

교회 안에서도 부모들끼리 자녀 이야기를 이런 식으로 하다

보니 비교를 당할 수밖에 없어요.

현서는 정말 공부를 잘했어요. 현서 엄마도 '이런 애가 서울대 가겠구나!'라고 생각했어요. 그래서 현서를 잘 관리해줬는데요, 현서는 공부를 아무리 잘해도 부모의 기대치가 워낙 높으니까 부담스러웠어요. 엄마가 뭘 바라는지는 알지만 엇나가게 되면서 공부를 하지 않게 되었어요. 급기야 자기 몸에 자해까지 했어요. 현서 아버지는 자해하는 현서를 보면서 눈물을 흘리셨대요. 어떻게 하면 좋겠느냐고 제게 하소연할 때도 눈시울이 젖었어요. 다행히 현서는 재수를 하고 대학에 가게 되었어요. 이제는 자해는 하지 않고 청년부도 나왔어요. 그러자 현서 아빠에게는 다른 고민이 생겼어요. 이번에는 초등학교 때 공부를 잘 하지 못하다가 중학교 때부터 공부를 열심히 하던 둘째아들 민찬이가 걱정이었어요. 엄마가 현서를 서울대에 억지로 보내려다 실패했으니 민찬이는 그냥 두어야 했는데, 이번에는 제대로 '컨설팅'을 받더라도 서울대에 보내고 싶어 했어요. 그 뒷이야기는 그만 할래요.

부모의 기대가 큰 만큼

지금 중장년과 노년층이 된 부모님들은 배움의 기회가 적었어요. 스스로 열심히 해서 대학에 가고 자리를 잡은, 이른바 자수성가형의 사람들이 많아요. 자녀들에게 교육의 기회를 제공하고 자신보다 더 잘 되기를 열망하는 경우가 대부분이에요. 그러니 자녀에 대한 기대치가 높을 수밖에 없지요.

지애라는 아이와 상담했는데요, 워낙 머리가 좋고 공부도 잘해서 좋은 대학에 갔어요. 부모가 원하는 직업을 택할 것인지, 아니면 자신이 원하는 방향을 택할 것인지가 유일한 고민이었어요. 부모님이 원하는 의과대학에 가도 괜찮은데, 왠지 다른 쪽으로 가고 싶어서 전혀 생각하지 않던 직업을 선택하게 되었어요. 괜찮은 연봉을 받는 직장이었지만, 막상 들어가 보니 상대적인 박탈감을 느꼈어요. 몇 년 뒤, 나이는 들었지만, 이제라도 자신이 원하는 것을 찾아야겠다고 그 직장을 뛰쳐나왔어요. 다른 친구들은 승진하고 자리를 잡아가는데, 지애는 의학대학원에 들어가려고 공부를 다시 해야 했어요. 몇 번이나 시험에 떨어졌어요. 결국 들어가기는 했지만 그 사이에 우울증도 겪고 힘들고 어두운 시기를 보내야 했어요. 자신도 원래 의사가 되고 싶긴 했지만, 부모님이 의사가 돈을 잘 버니까 그 길로 가라고 떠미니 오히려 반감이 생겨 굳이 다른 길로 갔다가 고생만 하고 돌아온 것이었어요. 부모님과 자신이 원하던 자리로 결국 오게 되었지만, 그 과정이 쉽지 않았어요.

요즘 부모들도 그렇고 다음세대도 그렇고, 사회적 기준과 평가에서 자유롭지 못해요. 사실 자녀만 아니라 부모님도 불행해요. 자신들이 그렇게 기대하면서 자녀에게 투자하고 주위 사람들에게 자랑도 했는데, 뜻대로 되지 않으면 주눅이 들게 되거든요. 교회에서도 할 말을 잃어버리고 친구들을 만나도 창피한 거예요. 그러니까 자녀에게 무리한 요구를 하게 됩니다.

"내가 열심히 하라고 했지! 너 아직도 안 늦었어! 유학 가고 싶어? 갔다 와! 내가 다 대줄테니까 박사 해!"

그런데 그 자녀가 이렇게 답했다고 해요.

"엄마! 나 진짜 공부 싫어! 그냥 내가 하고 싶은 거 할래!"

부모가 마음속으로 바라는 것은 자녀가 박사 학위를 가지고 세상에서 보란 듯이 자리 잡기를 원하는 거예요. 물론 자녀를 위해 투자하고 더 잘 되도록 돕는 것은 문제가 아닐 수 있지요. 그런데 자녀가 더 이상 공부하기를 원하지 않는데도 박사 학위를 가지는 게 더 좋아 보일 것 같아서 밀어붙이는 것은 문제예요.

요즘엔 외국에서 학위를 받아와도 취업을 못하는 이들이 많아요. 대기업에 입사해도 얼마 버티지 못하기도 해요. 능동적으로 지원서를 넣고 사회생활을 해야 하는데 수동적으로 살다보니 조직 생활이 어렵고 대인관계가 쉽지 않아서일 거예요.

아프게 하는 둘째 원인 :
사회

포스트 모던 세대와 꼰대

과거 모던 시대(modern times)까지는 절대적인 가치가 있었어요. 질서가 있고 권위에 대한 순종이 있었죠. 그러나 지금 포스트(후기) 모던 시대(post modern times)를 사는 다음세대는 기존 가치를 수긍하거나 권위 있는 사람의 말에 바로 수긍하기를 싫어해요. 무엇을 요구하면 이런 식으로 답하지요.

"그게 의미가 있어요?"

"왜 해야 돼요?"

"기도? 꼭 해야 하나요?"

포스트 모던 시대를 사는 사람은 상당히 개인주의적이에요. 자신한테 필요한 일인지부터 따져요. 이유와 원인을 알고 동기부여가 되어야 움직이지요.

과거 모던 시대에는 교회 나와야 되고, 예배 드려야 되고, 섬겨야 한다니 그렇게 했어요. 그러나 지금 포스트 모던 시대에는 모든 것이 당연하지 않아요. 다음세대는 그 일의 의미가 무엇인지, 속뜻은 무엇인지, 자신에게 어떤 유익이 있는지 끊임없이 물어요. 그런데도 교회는 이런 시대를 살고 있는 다음세대에게 여전히 과거에 하던 식으로 의사소통을 하려고 해요. "너 예배 드려. 왜 손 들고 찬양 안 해?" 이렇게 강압적으로 명령하기도 해요. 그럴 때 다음세대는 바른 소리도 폭언으로 느껴요.

저는 지금 40대로서 긴 세대를 살아가고 있어요. 제 윗세대를 이해하고 받아들여야 하고, 동시에 제 아래 신세대를 이해하고, 설명해주고, 기다려주고, 이끌어주어야 해요. 그런데 제 윗세대인 베이비 붐 세대는 상하구조에 가부장적이고 자수성가형이에요. 이 세대는 명령하는 방식으로 말하는 걸 소통했다고 생각해요.

"교회에 빠지면 안 돼! 이 정도는 기도해야 돼!"

사실 그 분들은 그렇게 해서 성공하고 부흥을 맛보았어요. 하지만 지금 10대에서 30대는 포스트모던 시대 한 가운데를 살아가고 있어요. 개인주의적이고 상대주의적이라 자기 삶이 중요하고 절대적 진리나 가치가 없어요. 그래서 40대에서 70대가 10대에서 30대를 보면 전혀 이해가 안 돼요. 서로를 받아들이기가 힘들지요. 10대에서 30대는 자신들을 이해해주지 못하고 어떤 틀에 맞추려고 하는 나이든 사람들을 '꼰대'라고 불러요.

사춘기가 늦어지는 사회

제가 어릴 때 부모님이 하시는 말씀은 다 옳은 것이라고 믿었고 그 의견에 따르는 분위기였어요. 그 시대 부모님들은 먹고 살기에 바쁘셨기 때문에 자녀에게 큰 관심을 두거나 로봇처럼 조종하려고 하지 않았어요. 어떤 부모님은 가난해서 자녀 중에 누가 공장에 가서 가정을 돕기를 원했지만, 공부하기를 원하는 사람은 부모의 반대에도 불구하고 학업을 지속했어요. 그때도 초등학생이나 중학생 때 사춘기가 왔고 늦으면 고등학교 때 왔지만, 부모님 말대로 따르기보다 자기 의지대로 대학에 갔어요. 그렇게 하던 60-70년대에 태어난 세대가 부모가 된 지금은 정작 자녀들을 꼼짝하지 못하게 하고 조종하고 있어요. 말은 "대학 가고 나면 네가 하고 싶은 대로 해!"라고 하지만, 대학에 가도 자녀가 마음대로 할 수 있는 게 하나도 없어요. 이미 부모가 자녀의 학과까지 선택해놓고 10년 계획까지 다 세워놓았으니까요. 그런데 그때부터 자녀들이 반항하기 시작하는 거예요.

사춘기는 일반적으로 중학교 2학년 때부터로 보는데요, 지금은 사춘기가 시작하는 시간이 일정하지 않아요. 어떤 경우는 20살 지나서 시작되기도 해요. 중고등학생 때 정체성이 없다 보니 뒤늦게 나타나는 거예요. 옛날에는 중2 때 가출했는데, 지금은 대학생 때 가출하고 반항하는 것이죠. 초중고등학생 때는 의문은 품고 있지만 자신의 의견을 강하게 표출할 수 없었기 때문이에요. 그래서 옛날에는 청소년기를 10대로 보았지만 지금은 20대에서 30대, 심지어 40대에도 청소년기의 모습이 있어요.

종종 교회에 부모님으로부터 이런 전화가 와요. 놀랍게도 자녀가 30-40대임에도 불구하고 소그룹이 마음에 들지 않는다며 부모님이 대신 옮겨달라는 부탁을 하시는 거예요.

"우리 아이가 굉장히 착한 애인데, 소그룹에 문제가 있어서 바꿔달라는 말을 하고 싶어도 못하고 있어서 제가 대신 연락했어요. 제가 전화했다는 말은 하지 마시고, 반영해주시면 좋겠습니다."

이런 부모 밑에서 자란 자녀는 나이가 들어도 자아정체성이라는 게 없게 됩니다.

아프게 하는 셋째 원인 :
교회

고령화된 교회의 현실

요즘 교사들이 다음세대를 섬기면서 어떤 부분을 가장 어려워할까요? 의사소통이에요. 한국 사회의 고령화로 교회의 교육부서 교사 중에 나이 많은 분들이 많아졌어요. 그러니 다음세대와 공감대 형성이 쉽지 않지요. 또 그 나이의 교사 대부분이 모범생으로 자란 분들이다 보니 지금 세대에 대해 이해가 잘 안 되기도 해요. 물론 모든 교사가 다 그런 것은 아니에요. 그런 분들이 많을 수 있다는 것이죠. 더구나 다음세대의 부모 연령보다 연세가 많은 분들이 교사로 섬기다 보니 격차가 더 커요. 물론 연세가 많아도 다음세대와 코드가 맞고 잘 섬겨주는 분도 분명 많아요. 그러나 일반적으론 담임목사님과 교사들 중에 많은 분들이 다음세대를 잘 이해하지 못하고 있어요.

여러 교회의 담임목사님을 만나면 다음세대를 이해하지 못하겠다는 말을 많이 하세요. 교사들조차 상당수가 그러세요. 젊은 대학생들이 교사를 하거나 다음세대를 이해하는 분들이 섬기면 좋은데, 현실은 그렇지 못해요. 교사가 부족하기에 부모님 또래나 심지어 그 이상의 나이 많은 세대가 여전히 다음세대 교육을 책임지고 있는 현실이에요. 그 분들의 섬김을 비하하는 것이 아니에요. 다음세대와 공감하고 섬길 수 있어야 하는데, 구조적으로 그렇지 못하다는 거예요.

대학생들과 청년들은 바쁘고, 30-40대는 먹고 살기 분주해서 자기 자녀를 기르기도 어려워해요. 그러니 교회학교에서 섬기지 못해요. 게다가 지금 모든 교회는 전체적으로 리더들의 연령대가 높아요. 교회를 좌지우지하는 분들은 대개 원로급으로 사회에서는 은퇴할 나이가 지났지만, 교회에서는 강한 영향력을 행사하지요. 그런 분들의 섬김이 다 부정적이진 않아요. 소위 말하는 '꼰대' 같은 분들이 그 중에 있는 것이 문제죠. 다음세대를 이해하고 섬기려는 마음보다, 예전의 권위주의적이고 가부장적인 리더십으로 누르려 하거나 편파적으로 의사결정을 하는 경향이 아쉬운 거예요. 자신들의 기준에 맞지 않는 부분이 보이면 함부로 지적하고, 교회 일이 다음세대를 위한 방향으로 진행되는 경우를 받아들이기 힘들어 하세요. 말은 안 하시더라도 불편한 감정이 얼굴에 쓰여 있어요.

제가 예전에 섬기던 어느 교회에서 하루는 정장 재킷의 단추를 잠그지 않았는데, 제가 건방져 보인다고 어떤 어른에게 야단을 맞았어요. 교회에서 목회자는 정장 차림이 반듯해야 한다는 고정관념을 가지셨던 거예요. 그래서 다음부터는 꼭 단추를 잠그고 다녔어요. 현실이 이러니, 보통 40대 중반이면 사회에서 리더십을 가지고 활발하게 일할 나이인데도 교회에 와서는 리더가 되기 어려워요. 연세 있는 분들이 교회에 많아서 결국 그들이 리더가 되니, 다음세대를 품고 사역하기가 어려운 겁니다. 이것이 교회 안에 있는 구조적 문제 중 하나입니다.

구 시대의 전통을 고수하기만 할 때

역사가 오래 되었고 최소 천 명 이상 모이는 중형교회나 만 명 이상의 대형교회들의 예배를 보면 옛날 스타일로 드리는 곳이 많지요. 원로들이 어려서부터 드려온 방식의 전통적인 예배 문화를 선호하기 때문이에요. 그건 어쩔 수 없다고 인정해요. 다만 지금이 21세기인데, 20세기의 예배 문화를, 심지어 19세기의 전통을 다음세대 예배에도 고수하려는 건 문제라고 생각해요. 그런 의식이 새로 부임한 담임목사의 목회 방향에도 상당한 영향력을 행사할 수밖에 없고, 그런 방식으로 끌고 가다 보니 결국 젊은 세대들이 역사가 오래된 교회를 떠나고 있는 거예요. 그래서인지 젊은 세대들은 나이든 교회에 오면 정죄 받는 느낌이라고 말해요. 교회가 다음세대의 문화와 달라진 모습에 인색하다 보니, 마치 서자(庶子)처럼 거대한 조직 속에서 신앙생활을 하는 것 같기도 해요. 이런 구조 속에서 교회학교 교사들은 헌신하더라도 마음이 무겁고 때로는 상처까지 받아요. 교회를 사랑하니까 교사로 섬기고 인내하려고 하지만, 상심하고 지쳐서 그 자리를 떠나기도 해요.

무엇이 문제일까요? 어른들이 자기가 경험했던 방식이 아니면 잘못된 것으로 생각하기 때문이에요. 예전 교회의 영광을 말하면서, 요즘은 왜 그렇게 잘하지 못하느냐고 다그치기도 해요. 이런 모습이 바로 꼰대의 특징이에요. 조금만 새로운 것을 시도하면 지적해요. 특히 젊은 교역자들이 새로운 것을 시도할 수 없어요. 아이들의 눈높이에 맞추어서 무언가 새로운 예배 방식을 시도하고 싶을 때 이런 분들을 설득해야 하는데, 설득하기 쉽지 않아요.

주로 부교역자들이 다음세대 부서를 섬기는데, 아직 부목사이거나 전도사이다 보니 부서에 필요한 것을 교회에 제대로 건의하지 못해요. 같은 교단과 노회에 속해 있다 보니 담임목사나 장로에게 밉보일까봐 교육부서에 필요한 것을 굳이 강하게 어필하지 못해요. 그래서 사역자가 새로운 일을 시도하느니 차라리 예전처럼 편안하고 아무런 긴장이 없는 편이 낫겠다고 생각해요. 그냥 조용히 있다가 나가는 것이 낫겠다고 생각하며, 원래대로 하는 게 차라리 은혜스럽다(?)는 결론을 내려요. 교회에 이런 구조적 문제가 있다 보니 교회 학교 섬기기가 쉽지 않은 거예요. 사회에 빈익빈 부익부가 있는 것처럼, 교회들 중에도 잘 되는 교회는 주일학교가 잘 되지만, 안 되는 교회는 처참하리만치 다음세대가 돌봄을 받지 못하고 있어요.

변화가 쉽지 않은 전통적 교회 문화

교회 안의 다음세대를 위한 재정 사용에 인색한 경우도 많아요. 세상에서도 가난을 헤쳐 나오려면 국가 보조금을 받거나 일하면서 돈을 모아야 스스로 설 수 있잖아요. 그런데 교회 청년부가 직장을 가질 만한 나이가 되면 "일 시작했어? 그럼 지원 없어" 하는 식이에요. 다음세대 부서가 예산을 덜 쓰고 남기면 다음 해에는 예산을 삭감하거나 더 지원하려고 하지 않아요. 그래서 부서마다 연말에 불필요한 곳까지 예산을 다 써버리는 역효과 현상이 나타나기도 하지요.

이런 구조적 문제들에 변혁을 일으켜야 하지만 쉽지 않아요. 심지어 같은 부서의 부장과 교사들도 동의하지 않는 경우도 있어요. 부장과 교사들이 교회의 불합리한 점을 인식하고 사역자의 의견에 동의하기도 해서 몇 달간 교회 지도층과 실랑이를 해보지만, 어려울 것 같으면 결국 포기해요. "도와드려야 되는데 죄송합니다." 그러고 끝이에요. 아무리 부딪혀봤자 교회 직분자로서 교인들에게 자기 이미지만 나빠지니 뒤로 물러서는 거예요. 장로나 권사 같은 직분을 받지 못할 수도 있으니까요.

교회 안의 율법적 전통과 비효율적인 행정이 구조적으로 다음세대에게 족쇄를 채우고 서서히 질식하게 만들어요. 흐르지 않는 물은 썩는다고 했는데, 시대가 달라졌는데도 다른 어떤 사회 공동체보다 교회 공동체가 정체되고 있어요. 정체 정도가 아니라 급하게 쇠퇴하고 있어요. 그러다 보니 시대는 변했어도 교회는 중세를 살고 있는 느낌이에요.

4차 혁명 시대라는 지금, 교회는 아직 봉건시대처럼 폐쇄적이고 권위적이에요. 그러면서 교회들마다 "왜 다음세대 부흥이 안 될까?"라는 고민을 해요. 사역자가 잘 못해서, 교사가 잘 못해서, 이 시대가 이러니까, 이런 저런 이유를 찾아요. 틀린 지적은 아니에요. 하지만 더 숙고해야 할 것은, 일부이지만 여전히 되는 교회들은 잘 되고 있다는 거예요. 그런 교회의 구조를 살펴보면 소통에서부터 막혀 있지 않아요. 다음세대에 상당한 투자를 하고 있어요. 그래서 잘 되는 교회는 '3원'이 있어요. '자원', '후원', '지원'이에요. 이런 것들이 충분한 교회인 것입니다.

다음은 제가 '3원'에 대해 어떤 매체와 인터뷰한 내용이에요.

자원, 지원, 후원의 3원을 주세요

다음세대 사역이 어려운 것은 '3원'이 없어서입니다.

첫째, 인적 자원의 부족입니다.

교회에 다음세대를 위해 헌신한 사람이 적습니다. 다음세대를 살리고 섬기려는 교역자들도 줄어들고 있습니다. 하나님께 부르심을 받아 목회자가 되려고 신학교에 가지만 다음세대를 세우는 일에 준비와 헌신된 마음 없이, 경험이 가장 적은 전도사 시절에 덜컥 주일학교 부서를 맡게 됩니다. 목회 경험이 부족해 좌충우돌합니다. 그러면 다음세대 섬김을 그냥 거쳐 가는 사역 정도로 생각하게 됩니다. 어린 양들에 대한 애절한 마음이 없습니다.

초보 목회자가 다음세대를 지속적으로 섬기기 어려운 또 다른 이유도 있습니다. 일단 다음세대를 맡으면 사역자가 직접 재정을 써야 하는 게 현실입니다. 사역자의 지갑을 열어서 아이스크림 하나라도 사주어야 합니다. 하지만 임시직이라 사례비가 적습니다. 다음세대는 받기만 하지 사역자를 지원하는 입장이 아닙니다.

제가 전도사 시절 청소년부를 섬길 때 사비를 상당히 썼습니다. 신학교 다니던 시절에는 유학을 준비하면서 영어 과외를 10명까지 했는데, 그 수입을 거의 청소년들에게 쏟아부었습니다. 다음세대를 섬기면 저처럼 재정에 조금 여유가 있는 사역자의 재정 자원도 바닥나는 게 현실입니다. 그러나 교구를 섬기면 상황은 달라집니다. 심방을 가거나 병원에 가서 기도만 해주어도 '대우'가 다릅니다.

사실 다음세대를 섬기려는 사역자 자체가 많지 않다는 것이 재정 문제보다 더 문제입니다. 교육 부서를 조금 섬기다가 교구로 가려고 합니다. 교구 사역으로 옮기는 것이 잘못은 아니지만, 다음세대에 대한 마음 없이 그냥 맡아야 하니까 섬기고 있는 교역자들의 자세가 아쉽습니다.

둘째, 재정 후원이 적습니다.

다음세대를 키워야 한다고 말하지만 후원이 많지는 않습니다. 가정에서 한 자녀를 키워도 가정 예산의 60퍼센트 이상을 사용합니다. 교회에서는 다음세대를 세워야 한다고 강조하지만 교회 예산에서 얼마나 지원할까요? 주일학교와 청년부를 부흥시키고 건강하게 세우기는 바라지만, 그만큼 후원하지는 않습니다. 가정에서 자녀에게 재정을 후원하지 않으면서 공부 잘하고, 건강하고, 영적으로 성숙하기까지 바라는 것은 모순입니다. 교회도 마찬가지입니다.

가정에서는 자녀가 공부를 잘 하도록 조용한 방을 주려고 합니다. 사정이 안 되면 독서실에 가도록 해줍니다. 건강하도록 좋은 음식을 주려고 신경 씁니다. 안목이 성숙하도록 박물관과 미술관에 수시로 데려가고, 심지어 해외여행도 다녀오게 합니다. 그러나 교회에서 다음세대를 후원하는 수준은 어떨까요? 정말 가정에서 자식을 키우듯 과감하게 투자하고 있나요? 아니면, 사생아를 키우는 것처럼 인색하지 않은지요?

제가 어느 교회에서 전도사로 섬기던 시절, 오후예배 설교를 할 기회에 이 부분에 대해 좀 세게 말했습니다. 예배를 마친 후에 재정 담당 장로님이 제게 오시더니 은혜 받았다고 감사해 하셨습니다. 그 분의 반응에 제가 더 은혜를 받았습니다.

다음세대를 세우는 일에 인색해서는 안 됩니다. 그런 교회에서는 나중에 다음세대가 교회에 인색한 마음을 가지고 서서히 사라지게 될 것입니다.

셋째, 각종 지원이 적습니다.

교회는 다음세대가 마음껏, 온전히 예배하고 교제할 수 있는 쾌적한 장소를 지원해주어야 합니다. 그런데 다음세대가 사용할 장소를 어른들이 동의도 구하지 않고 함부로 사용하는 경우가 있습니다. 기성세대가 마치 교회 장소에 대한 모든 우선

권을 가진 것 마냥, 다음세대가 사용하기로 한 공간도 그냥 내 달라고 합니다. 전도회 하신다고, 무슨 모임 연다고.

다음세대가 원하는 특별집회, 단기선교, 비전트립, 기타 행사 도 마음껏 할 수 있도록 지원해주면 좋겠습니다. 무엇보다 지 도할 사람, 즉 다음세대 전문 사역자를 지원해주어야 합니다. 단순히 물질적 지원뿐 아니라 그 교역자가 다음세대를 온전히 섬길 수 있도록, 할 수만 있다면 파트타임이 아닌 풀타임으로 사역할 수 있도록 지원해주어야 합니다. 하지만 현실은 큰 교 회조차 전문 사역자는 고사하고 전임 교역자조차 세우지 않고 있습니다. 요즘 사회에서는 임금을 줄이려고 기간제, 비정규직, 파트타임으로 직원을 고용합니다. 이런 현상이 교회 안에도 있 는 것입니다. 재정적으로 어려운 대부분의 교회는 이해되지만, 그렇지 않은 큰 교회라면 그러지 않으면 좋겠습니다. 오히려 간혹 재정이 어려운 교회인데도 전문 사역자에게 과감한 투자 를 하는 경우가 있는 반면, 누가 봐도 대형교회인데 그럴 의지 도 생각도 아예 없는 곳이 있습니다.

가정에서는 자녀를 교육하기 위해 많은 돈을 주고 과외 선생 님을 모셔 옵니다. 그럴 형편이 안 되면 좋은 학원에 보냅니다. 그런데 교회에서는 자식과 같은 다음세대의 영적 성숙을 위해 무엇을 어떻게 하고 있습니까? 공예배에서 대표로 기도할 때 나 평소에 자주 하는 말은 다음세대를 위한다는 것이면서, 구체적인 지원 없이 다음세대가 세워지리라는 믿음은 맹신과 같습니다. 다음세대를 위한 지원은 줄이면서, 다음세대에서 영적인 인물이 나오기를 바라는 건 모순입니다.

헛다리짚고 있는 교회의 현실과 미래 전망

다음세대가 교회에 잘 적응하지 못하고, 적응하고 싶지도 않은 이유는 교회에도 있습니다. 그들 눈에 교회가 선하지도 않고 그만큼 영향력도 적어 보이는 거예요. 그렇다 보니 다음세대가 교회 오고 싶지 않고 머물러 있고 싶지도 않은 거예요. 이런 다음세대는 자신의 학업에 더 관심을 가집니다. 나중에 대학 가고 직업을 가지면 거기에 더 관심을 가져요. 교회 중심적, 신앙 중심적으로 살아가는 것이 아니라 개인 삶의 기반에 더 중점을 두는 거예요. 좋지 않은 이미지가 많은 교회는 피하고 싶고 관심조차 갖고 싶지 않은 거예요.

이런데도 교회는 다음세대에 대한 마음 없이 여전히 기성세대나 원로급 중심으로 돌아갑니다. 다른 곳에는 지나친 관심을 두고 있어요. 지역사회를 섬긴다고 재정을 사용하지만, 정말 그 지역과 교회에 중요한 영향을 줄 다음세대에 재정을 사용하는 것에는 너무나 인색해요. 교회 내의 다음세대가 무엇을 하려고 하면 합당한 사유로 기성세대를 설득하라고 합니다. 그러니 다음세대는 교회가 고리타분하고 답답한 곳이라고 생각하게 되지요. 이러다 조금 있으면 한국교회는 무너질지 모르고, 기독교 복음화 비율은 지금보다 더 떨어지게 될 거예요. 조국 교회가 다음세대 교육에서 선두에 서고 교육과 훈련에 집중해야 하는데 그렇지 않아요. 교회가 탁아소 같은 기능만 해요. 다음세대를 위해 인력을 배치하고 교사들을 교육해야 하는데, 그렇지 못해요. 교회 예산의 초점도 구조적으로 다음세대에 맞춰져 있지 않아요.

인구도 곧 절벽이지만, 2050년이 되면 현재 50-70대 교인들은 거의 사라질 거예요. 현재 한국교회는 인구 비율 형태로 볼 때 T자형 구조입니다. 50-70대가 교회에서 주류를 이루고 있지요. 이 세대가 훗날 사라지면 I자인 다음세대만 남게 돼요. 그러면 현재 5-10퍼센트에 불과한 다음세대 비율만큼 한국 사회의 기독교인 비율도 줄어들 것입니다. 자타칭 건강한 교회라고 해야 다음세대가 전체 교인 중에서 10퍼센트 정도에 불과해요. 요즘처럼 인구절벽 시대가 유지되면, 지금은 교인 천 명인 중대형교회가 나중엔 백 명 이하로 줄어들 수 있다는 이야기입니다.

2019년 9월 23일 기독일보에 "합동 통합 교인 수 감소세 각각 약 11만 명, 7만 3천여 명 줄어"라는 제목으로 다음과 같은 내용의 기사가 실렸습니다.

국내 최대 교단인 예장 합동측의 2018년 교인수가 2017년의 268만 8,858명에서 3만 2,092명(-1.2퍼센트)이 준 265만 6,766명으로 집계됐다. 이로써 합동측 교인 수는 2016년 276만 4,428명에서 2017년 268만 8,858명 (-75,570명), 2018년 다시 265만 6,766명으로 2년 연속 감소했다. 이 기간에 모두 10만 7,662명(-3.9퍼센트)이 줄었다.

이밖에 지난해 교회 수는 1만 1,885개로 2017년의 1만 1,922보다 37개 줄었고, 같은 기간 강도사 수(850 → 805), 전도사 수(1만 2,514 → 1만 2,443) 모두 감소했다. 목사 수(2만 3,726 → 2만 4,395)와 장로 수(2만 1,671 → 2만 1,893)만 소폭 늘었다.

예장 통합도 교인 수가 감소했다. 제104회 총회 둘째 날인 24일 저녁 회무에서 보고된 교세 통계 보고에 따르면, 2018년 교단 전체 교인 수는 255만 4,227명으로, 전년도의 262만 7,696명에 비해 7만 3,469명(-2.8퍼센트) 감소했다. 이는 유아 세례자를 포함한 숫자다.

세례교인 수는 171만 6,953명에서 168만 1,531명으로, 무려 3만 5천여 명이나 감소했다. 위원회측은 "교회와 목사, 장로의 숫자는 늘었지만, 세례교인, 전체 교인, 서리집사 수 등은 감소했다"고 밝혔다.

예장 통합 총회는 2010년 285만 2,311명으로 정점을 찍은 후 완만한 감소세를 보이다, 작년과 올해 보고에서 각각 11만여 명과 7만여 명 줄어들었다고 발표했다.

저출산의 여파 등으로 주일학교 학생 수도 계속 감소하고 있다. 특히 중고등부의 경우 19만 5,275명에서 올해 11만 9,691명까지 감소해 10만 명 선이 깨질 위기에 처했다.

이외에 모든 부서가 전년에 비해 감소했다. 영아부 1만 4,934명(-4,154명), 유아부는 2만 475명(-1,129명), 유치부 4만 8,101명(-2,311명), 유년부 4만 4,288명(-1,205명), 초등부는 5만 193명(-1,610명), 소년부 5만 4,687명(-1,569명)이었다

요즘에 청년들과 이야기해보면 교회를 섬기고 싶어 하지 않아요. 봉사하는 경우라도 교회 부서에 사람이 워낙 없으니까 그냥 섬기는 거라고 해요. 그렇게 자리를 지켜주는 것만 해도 감사하지요. 교회를 위해 헌신하려고 한다니 대단한 것은 사실이에요. 그나마 이렇게 교회에 나와 섬기는 다음세대는 괜찮은 지체들이에요. 공부도 어느 정도 하고, 가끔 마음이 흔들릴지언정 모나게 행동하지는 않아요. 잘 달래기만 하면 섬기기는 할 거예요. 하지만 속으로는 교회에 애착이 없어요. 결국에는 교회에서 돌봄을 받지 못하고 지치기 마련이에요. 봉사와 섬김의

의미를 모르고 공동체의 소중함도 느끼지 못한 채 계속 일만 하다 보면 탈진할 거예요.

다음세대가 잘 돌봄받고 회복되어야 사회에 나가서도 인정받고 크리스천으로서 영향력을 펼칠 거예요. 그러므로 교회에서 더 축복받고 인정받으며 자유를 만끽해야 하는데, 교회 밖이 더 편하고 더 좋다고 느끼는 것이 현실이에요. 그러니 다음세대가 교회에만 있고 순종한다고 해서 만족하면 안 돼요. 그들이 진정 행복한지, 아파하지 않는지 살펴보아야 해요.

다음세대를 아프게 하는 원인 이야기, 본론으로 다시 돌아가 볼게요.

아프게 하는 넷째 원인 :
교사

교사 교육이 아쉬워요

다음세대에게 신앙 교육이 잘 안 되는 이유 중 또 하나는 교회 안에 제대로 된 교사 교육이 없는 문제입니다. 교사 교육이 중요한 이유는, 교사가 배우지 않고 충전되지 않으면 다음세대 역시 제대로 된 영적 영양분을 받을 수 없기 때문입니다. 그럼에도 대부분 교회에서는 교사 교육 프로그램 자체가 체계적으로 이루어지기 어렵습니다.

담임 목회자가 교사들과 간담회를 해보면 나오는 불만 의견 중 대부분이 제대로 된 교사 교육과 기도 모임이 없다는 것입니다. 교사가 영적 자양분을 제대로 받아야 하는데, 교회 와서 일만 하다 간다고 하소연하기도 합니다. 그러니 시간이 지나면 지치게 되는 것입니다. 기껏해야 매너리즘에 빠지고, 결국 탈진하고 무기력해지는 거예요. 훈련 프로그램이 있다 해도 체계적이지 않은 교회가 많고요.

다음은 어느 교사가 들려준 한 교회의 이야기입니다.

"저희 교회는 담임목사님이 만든 제자훈련 프로그램을 완성시키시길 원했어요. 그런데 교재를 만들어서 부목사에게 해보라고 시킬 뿐 제대로 제자훈련이 되지 않았어요. 담임목사님도 제자훈련 철학이 제대로 없었던 것 같고, 일을 추진하는 예산은 투입되었지만 결국 중단되고 말았어요. 교사들도 그 교재로 양육을 받고 교리적으로 체계를 잡을 수 있겠다고 기대했는데, 계획은 이상적이었지만 현실에서는 교사들이 영적으로 공급받고 훈련받지 못했어요."

한 교사는 자신의 교회를 생각하면 답답하다고 이렇게 말했어요.

"제가 봐도 다음세대 교사를 세우고 돌보는 일은 목회자가 몰라서 못하는 부분도 있는 것 같아요. 그렇지 않고서 이렇게 방치할 수는 없겠지요. 만약에 교회가 다음세대에 관심이 있다면 다음세대를 길러내는 교사들이 정말 잘 양성되어야 하잖아요. 그런데 전혀 훈련을 시키지 않아요. 훈련은 고사하고 돌봄도 잘 안 돼요. 교사 세미나를 열어도 주먹구구식으로 강사를 불러오는 게 다예요. 길어야 1년에 2,3주 정도 세미나로 교사가 1년을 버틸 거라고 생각하는 건지, 좀 답답해요. 일부 교사들은 외부 강사에 대해 이렇다 저렇다 평가만 하고 내용은 잘 들으려고 하지도 않는 것 같아요."

교사들과 교육부서들 사이에서도 협력하지 않고 하나가 되지 못해 전체적으로 어려움을 겪는 교회도 있다고 해요.

부서간 연합과 세대통합의 중요성

또 다른 교사의 말을 들어볼게요.

"제가 제일 심각하게 느끼는 것 중 하나는 부서간의 이기주의예요. 서로 시기하고 질투하고 받아들이지 않으려 하는 것 같아요. 제가 볼 때는 사실 이게 교회 전체의 분위기 같아요. 중고등부는 작년에 연합예배를 드리고 올해도 같이 하려고 시도해봤는데, 정말 사소한 일 가지고 입장이 나뉘는 거예요. 세상에서도 이러지는 않는데 싶어요. 초등부 교사, 중등부 교사, 고등부 교사 모두 귀한 섬김이들인데, 한 교회 안에서도 공동체정신을 가지지 못하는 듯해요. 교회에서 서로 도와주고 협력하면서 같이 성장하는 경험을 해보지 못했기 때문 같아요. 그런 체험이 없는 교사들 밑에 있는 교회학교 학생들도 이런 이기적인 모습을 배우지 않을까 두려워요."

그래서인지 다음세대가 관계에서 굉장히 이기적일 때가 있어요. 처음 온 친구를 환영하지 않고 대뜸 "어디서 왔느냐?"고 배척하기도 하는데, 그건 어른들한테서 배운 것 같아요. 적어도 교회 공동체 모습이 그래선 안 되지요. 누군가 교회에 처음 왔을 때 교회는 다르다는 것을 느끼게 해주어야 하고, 세상에서 경험하는 것과 다른 걸 볼 수 있어야 하잖아요. 교회에서 감싸주기는커녕 오히려 더 경쟁하는 것 같아요. 이렇게 부서들 간에 비교하고 경쟁하는 경우를 보면 말이지요.

사실 옛날에는 어릴 때부터 어른들과 같이 예배를 드렸어요. 수요예배, 금요예배까지 같이 드리면서 어른들이 예배드리는 모습을 보고 배우기도 하였어요. 하지만 지금은 다 따로 예배를 드리니까 그걸 몰라요. 심지어 초등부에서 중등부로 올라갈 때 간극이 생기고, 중등부에서 고등부로 갈 때 "나 안 올라갈 거야!" 하는 곤란한 일까지 생기는 것이지요.

이렇게 된 대표적 원인으로 수고하는 교사들의 실수를 꼽을 수 있어요. 교사들이 가진 잘못된 생각이 다음세대에게 주입되는 것이지요. 간혹 중등부 아이들이 고등부를 마음에 들어 하지 않는 경우가 있는데, 중등부 교사들이 고등부 공동체와 그 교사들을 좋지 않게 말한 적이 있는 거예요. 그러면 중등부 아이들이 고등부에 올라가기를 꺼려하게 될 수 있지요.

부서 간에 연합이 잘 안 되는 문제를 염려하여 몇몇 교회들은 교육 디렉터 한 명이 교육부 전체를 총괄하고 있어요. 교육 부서와 청년부를 한 사역자가 통합하여 이끌어가는 것이지요. 이렇게 전체를 통합하는 이유는 어떤 한 부서만 살리는 것이 아니라 전체가 연계되고 같이 살아나도록 하기 위함이에요.

그래서 어떤 교회는 교회 학교뿐 아니라 어린이, 어른, 노년 3대가 같이 세대통합예배를 드리며 세대 간의 연합을 도모하기도 해요. 어린이는 어릴 때부터 어른 예배의 맛을 보고, 어른들은 젊은이의 예배 문화를 접해보면서 서로 이해하는 장을 만드는 거예요. 이런 예배를 통해 특정 세대의 예배 문화에 갇히는 것이 아니라, 세대 사이에 서로 다른 예배 문화도 접할 수 있도록 하는 거예요. 이런 노력이 없으면 어른들은 젊은이들이 뛰면서 예배드리는 모습을 보고 충격받을 수 있어요. 젊은이들은 어른들의 경건한 예배 문화에 담긴 믿음을 모르고 구식으로 취급하거나 정죄할 수도 있어요. 하지만 여러 세대가 함께 예배하면 각자 하나님께 나아가는 모습을 서로 인정해줄 수 있게 될 것입니다.

다음세대는 이처럼 자기 생각이 아니라 외부의 영향, 특히 교사들의 영향을 크게 받아요. 그러니 부모는 말할 것도 없지요. 교회 다니는 부모가 특히 자녀 앞에서 교회에 대해 생각하고 말할 때 조심해야 할 이유가 여기 있어요.

교회의 평신도 지도자, 흔히 말하는 직분자의 자녀는 두 부류로 나뉜다고 해요. 신앙이 아주 좋거나 아니면 아주 좋지 않아요. 이렇게 나뉘는 이유는 장로 혹은 권사인 부모가 교회에 대해 좋지 않은 이야기를 집에서나 차 안에서 하기 때문이에요. 자녀들이 그런 이야기를 자주 들으면 자신들의 교회에 '문제가 많구나'라는 생각을 자연스레 하게 되지요. 그러면 우선 목사님의 설교가 들리지 않아요. 교회에 잘못이 많다고 느끼게 되니 사소한 일에도 시험이 들어요. 반대로 어떤 직분자는 교회에 대해 말할 때 언제나 감사해요. 목사님과 장로님을 비난하는 말보다 칭찬하는 말을 더 많이 해요. 그리고 교회에 헌신하는 모습을 직접 보여주지요. 그런 부모 밑에서 자라는 자녀는 건강한 믿음의 사람이 될 수 있어요. 교회 일에 깊이 들어가 부모님처럼 희생하고 봉사하기도 해요.

집에서 부모님의 감사하는 말에 자녀가 긍정적인 영향을 받듯, 교회 교사들도 강사의 강의나 목사님의 설교를 듣고 "은혜가 안 돼, 도움이 안 돼!" 그러면 그 말을 들은 다음세대도 은혜가 안 된다고 말하게 됩니다. 교사들과 함께 들은 강사의 메시지에 은혜를 받지 못하고, 설교자의 설교를 교사를 따라 비판하기도 해요.

다음세대 아이들은 카나리아 같아요

다음세대는 이처럼 그들을 섬기는 사람들의 영향을 엄청 크게 받아요. 청소년을 상담해보면 청소년 문제 원인 중 90퍼센트는 부모님이거든요. 예를 들어 지방에 살던 어떤 아이가 공부를 잘해서 서울 8학군에 보냈는데 성적이 떨어졌어요. 그래서 "언제부터 공부를 못하게 되었나요?"라고 부모님에게 물었어요. 그랬더니 "이사 오기 전에는 참 잘했고 순종적이었는데, 서울에 와서는 부모 말을 안 듣고 공부도 안 한다"는 거예요. 알고 보니 부모님이 지나치게 공부를 강요하고 심리적으로 압박을 주니 용수철처럼 튀어 나갔던 거예요. 그러니 이게 정말 그 자녀의 문제였을까요? 그냥 공부를 잘하던 시골이나 소도시에서 키웠다면 반에서나 전교에서 1등 하며 칭찬도 받고 서울에 있는 대학교에도 갈 수 있지 않았을까요?

교회 안에서도 신앙을 좋게 한답시고 억누르고 또 누르다 보니까 나중에 교회를 뛰쳐나가는 아이도 있어요. 저도 자녀를 키우면서 기도하라고 가르치는데 잘 안 할 때가 있어요. 아빠가 목사인데, 그 자녀가 기도를 안 하면 참 마음이 어려워요. 그런데 제 아내는 아이가 기도 안 하면 안 하는 대로 그냥 놔두라고 해요. 곰곰이 생각해보면 아직 어린데 꼭 억지로 기도해야 밥을 먹게 하는 것도 아닌 것 같아요. 부모가 대신 기도를 해주든지, 스스로 짧게 기도하고 먹게 하든지, 기도를 하지 않아도 감사한 마음으로 먹으라고 해주면 좋을 것 같아요. 너무 율법적으로 가르치면 나중에 기도하기를 더 꺼려하고 하나님 믿는 것까지 꺼려할 거예요.

저는 다음세대가 '카나리아'라고 생각해요. 부정적으로 생각하고 말하는 환경의 영향을 그대로 받는 것이죠. 광산 안에 카나리아 새를 넣어두면 산소가 부족해질 때 카나리아가 죽는 것을 보고 그 동굴의 공기 상태를 알 수 있듯이, 다음세대가 죽었는지 살았는지가 그 교회가 어떤 상태인지, 그 부모인 직분자의 가정이 어떤 상태인지 알려주는 카나리아 역할을 하는 것이죠. 요즘은 일반적으로 교회에 다음세대가 얼마나 많이 있는지가 교회의 건강성을 보여주는 듯해요.

사실 십대 청소년들의 문제를 들여다보면 청년 문제까지 파악할 수 있어요. 청소년만 잘 연구해도 교회를 어떻게 살릴지 방안을 알 수 있어요. 그런데 교회 어른들은 청소년 부서 이하인 초등부, 유년부, 영아부는 그리 중요하지 않게 생각해요. 헌금도 거의 안 하고 오히려 교회 재정을 써야 하고, 투자를 해도 투자 대비 유익을 얼른 못 보는 것 같기 때문이죠. 그러나 이런 생각은 다음세대를 보지 못하게 해요.

다음세대는 씨앗이에요. 그 씨앗이 심겨지면 얼마나 풍성한 열매를 맺을지 아무도 몰라요. 그런 다음세대의 귀중함을 모르니 그 씨앗을 삼켜버리는 거예요. 지혜로운 농부는 긴 겨울 동안 봄에 뿌릴 씨앗을 먹지 않아요. 그 씨를 간직해야 다음해에 많은 열매를 거둬요. 그런데 교회가 씨앗부터 먹어버리고서, 나중에 '왜 열매가 없지?'라고 말하면 안 되지요.

아프게 하는 다섯째 원인 : 사역자(목회자)

요즘 다음세대 사역자들의 특징과 고충

교회의 다음세대 담당 교역자들이 먼저 알아야 할 대상은 사실 다음세대 자체가 아닐 수도 있어요. 청소년들과 청년들을 이해하기 전에 그들의 부모세대, 즉 요즘 10대의 부모인 30-40대와 20대의 부모인 50-60대를 먼저 이해해야 한다는 거예요. 다음세대 사역을 제대로 하려면 먼저 그 부모들을 설득하는 일이 필요하기 때문이에요.

청소년과 청년들의 신앙 문제의 원인이 그들에게 있다고 생각할 수 있지만, 사실은 60년대와 70년대에 태어나 자수성가한 그 부모들의 삶과 생각에 대해 먼저 알아야 해요. 부모세대들의 상황과 배경을 모르고서 무턱대고 그들의 자녀 세대에게 이렇게 말해서는 안 됩니다.

"너는 왜 열심히 하지 않는 거니?"

"너는 왜 주님을 위해서 헌신하지 않는 거니?"

요즘 다음세대 담당 교역자들은 주로 80-90년대에 태어난 분들이에요. 지금 30-40대인 교역자들은 자수성가 세대의 자녀들을 충분히 이해하지 못할 수 있어요. 그들은 비교적 자신이 선택하고 하고 싶은 걸 자유롭게 선택할 수 있었지만, 아이들에게 "너네는 왜 안 돼?"라고 말하면 안 돼요. 이것이 교회학교 안의 또 다른 구조적 문제 중 하나예요.

중간세대의 교역자들은 50-60대인 담임목사님도 이해시켜야 되고 후배 목회자들도 설득해야 해요. 교회 어른들도 이해시켜야 되고 부서 부장님과 교사들도 이해시키면서 같이 사역을 해야 해요. 그런데 그 세대의 교역자들은 담임목사님이 이해되지 않고 담임목사님도 젊은 사역자들이 쉽게 이해되지 않아요.

담임목사님이 목회자 회의 시간에 이렇게 저렇게 하면 좋겠다고 말하시잖아요. 그러면 '목사님께 배울 게 있다. 내가 더 노력해야지' 하는 게 60-70년생까지의 생각이었어요. 그런데 80-90년생들은 속으로 '또 꼰대질, 노인네 잔소리'라고 비웃는 경향이 짙어요. 예전에는 뒤에서 담임목사님 흉을 보더라도 '목사님이 왜 저러시나? 나라면 안 그랬을 텐데' 정도이고 호칭에도 꼬박꼬박 님자를 붙였는데, 지금 젊은 교역자들은 단체 카톡방에서도 함부로 말하는 경우도 있어요. 그래놓고 앞에서는 공손하게 '네' 그러지요. 이런 일이 실제로 여러 교회에서 일어나는데, 다음세대도 거기에 알게 모르게 영향을 받아 그런지 비슷해져요. 아이들도 선생님 앞에서는 '네네' 하지만 뒤에서는 '꼰대가 놀고 있네'라고 말하곤 해요.

베이비붐 시대는 사업으로 자수성가하듯 교회를 개척해도 부흥이 되는 편이었어요. 그러나 그 이후의 세대들인 현재 중년층은 개척이 너무 어렵고 부교역자 생활을 해도 강한 담임목사 밑에서 고생해요. 특히 다음세대 교역자들은 "나는 개척 안해! 큰 교회에 가서 사역하다가 다른 큰 교회로 옮겨갈 거야", "공무원처럼 6시까지 일할 거야!" 이런 마인드로 일하다 보니 아이들이 저녁에 전화를 해도 잘 받지 않아요. 좀 더 일하면 추가 수당을 받아야 한다는 생각까지 해요.

물론 일을 많이 하면 더 사례를 받는 게 맞고, 일부 교회가 교역자에게 적절한 대우를 하는 방향으로 가고 있지만, 일반적으로 그런 교회는 아직 많지 않아요. 그렇다면 인내하고 받아들이는 것도 필요한데, 용납하지 못하는 거예요. 교역자의 생각 자체가 이런 상태이다 보니 지금 다음세대가 더 흔들리는 거예요. 다음세대 아이들도 그렇게 사무적이고 따뜻하지 않은 교역자는 전화 통화는커녕 만나고 싶지도 않아 해요. 선생님들도 맛있는 것 사준다고 하면 만나는 주는데, 잔소리하는 것 같으면 문자를 아무리 해도 답이 없어요.

요즘 아이들은 아무리 사역자나 교사가 잘 해줘도 포스트모던 시대적으로 생각해요. "이게 날 위한 것인가?" 아니면 "사역자(교사) 자신이 누군가를 돌보았다는 만족감에서 하는 일인가?"를 따져요. 의도가 무엇인지 궁금해 하고, 의심하고 받아들이지 않아요.

흥미로운 것은, 시간이 걸린 뒤 나중에 아이들이 목회자나 교사를 인정하면 반대로 의존도가 너무 높아진다는 거예요. '이 사람이 정말 나를 돌보고 생각해주는구나! 나를 사랑하는구나!'라고 생각하는 것까진 좋은데, 일단 의존하기 시작하면 지나치게 집착하는 것이 문제예요. 사소한 것까지 다 이야기하면서 완전히 의존해버리는 거예요. 이게 처음엔 좋은 것 같지만, 조금 다른 시각에서 보면 큰 문제가 됩니다. 신뢰하는 대상이 틀린 말을 해도 따르게 돼요.

이 시대 아이들은 집에서는 나가고 싶고 뭔가에 의존하고는 싶은데, 정작 교회에서 충분히 돌보아주기가 어려워요. 그런데 막상 잘 돌보아주면 사람 중독에 빠지듯 애착관계가 부모에서 교역자나 교사로 옮겨가는 거죠. 애착관계가 형성되면 부모님 지시를 따르던 의존관계가 다른 사람에게로 넘어가는 겁니다. 그 사람이 자신의 인생 프로그램을 짜주기를 원해요. 애착관계가 심하면 자발적인 삶을 살기 힘들게 됩니다.

지민이는 내성적인 친구였어요. 공부는 잘했지만 자신의 의사를 잘 표현하지 않았어요. 중고등부에 친한 친구가 없었고,

선생님과 친밀하게 인사하지도 않았어요. 교회는 나오고 있었지만 언젠가 떠날 사람처럼 보였어요. 그러던 어느 날 제가 지민이의 가정에 대한 이야기를 일대일로 들어준 후, 제가 특별히 더 잘해준 것도 없었는데 제게 친밀하게 다가왔어요. 처음에는 그게 감사했어요. 목회자로서 아이와 속 깊은 이야기를 나눌 수 있었으니까요. 그런데 친해지기 시작한 일주일 뒤부터 지나치리만큼 지민이가 자주 문자를 보내기 시작했어요. 많을 때는 하루에 400-500개 정도나 왔어요. 제가 친한 목회자에게 지민이를 어떻게 해야 할지 묻자, 그도 자신의 카톡창에 있는 카톡 개수를 보여주었어요. 그런 아이들이 많더라고요.

요즘엔 한꺼번에 수련회 가기가 힘들어요

포스트모던 시대의 다음세대는 개인주의 성향이 강해요. 자신의 의사를 명확히 말하고 주장하기도 해요. 그러면서 서로에게 상처를 주거나 때로는 서로를 왕따시켜요. 서로 원하는 멤버끼리 몰려다니지요. 서로 성격이 조금씩 달라도 그 모습 그대로 받아들이기도 해야 건강한 건데, 자기 편한 대로 끼리끼리 몰려다니는 거예요. 이렇게 하면 편할 것 같지만 결국 서로 상처를 받아요.

모던 시대에는 공동체라는 중심이 있었어요. 누군가를 왕따시키면 잘못이라고 말해주었지요. 누군가의 말이 다른 사람의 아픔과 상처가 될 수 있기에 서로 잘못된 것은 짚어주고 함께 가도록 했어요. 누가 잘못하면 "너 그건 아니야! 말을 조심해주면 좋겠어!" 하는 식으로 언니 또는 형 역할을 해주었지요. 선생님도 친구들끼리 싸우지 않도록 가르쳤고요. 개인의 의견도 중요하지만 공동체 전체의 방향성을 따라 함께 가려고 했던 거예요. 그래서 개인마다 생각이 달라도 말과 행동은 조심했어요. 그런데 요즘세대는 누가 다른 사람에게 쓴 말을 하고 상처를 주어도 그 사람의 말과 행동을 제어하지 않아요. 개인주의, 상대주의, 주관주의를 중시한다고 그냥 내버려둬요. 그래놓고 이렇게 생각해요.

'쟤도 힘들겠지. 우리가 그냥 맞추어주자.'

그런 사람이 원하는 대로 일을 처리하면 모두가 힘들어져도 그렇게 처리해요. 그러면서 더 힘들어 하는 거예요.

물론 힘든 사람을 품어주고 고쳐주고 성숙해지도록 도와주어야 해요. 그런데 요즘은 한 사람을 각각 바르게 키우려 하기보다 상처를 주면 안 된다고 생각해요. 어른들이 볼 때 기겁할 일이지요. 배려하고 맞추어주는 것도 필요하긴 한데, 개개인의 성향을 지나치게 맞춰주는 건 문제이지요. 그건 학원 스케줄과 대학교 입학에 초점을 두는 경향과 관련 있어 보여요. 옳고 그른 문제는 학원과 대학 가는 일 앞에선 다 무너지거든요.

예전에는 주일학교가 수련회 출발하는 시간이 똑같았어요.

지금은 선발대, 정시 출발, 후발대, 다음 날 후발대 등 각자의 스케줄에 따라 다양하게 참석하도록 배려해요. 어느 정도 이해는 가요. 이렇게 된 데는 아이들 각자의 태도 때문이기도 하지만 부모의 영향이 사실 커요. 요즘 부모에게 중요한 자녀의 일정은 학원 혹은 과외니까요. 교회 다니는 부모가 목회자에게 이렇게 요구하기도 해요.

"우리 아이 학원 가야 해서 수련회 다 참석 못해요. 학원 특강이 있는 월, 화, 수요일에 수련회를 해서 우리 아이 못 가게 하지 말아주세요!"

실제로 어떤 교회에, 월, 화, 수요일에 2박 3일 수련회를 잡아서 부모들의 엄청난 항의를 받아 마음고생을 한 목회자가 있었어요. 예전에는 상상도 할 수 없던 일이에요. 사회교육이 교회교육 위에 있는 거예요. 다음세대도 그런 부모의 영향으로 바쁜 일이 있으면 교회를 안 나가도 된다고 생각하게 되겠죠. 어릴 때부터 교회 예배가 중요하지 않다고 보고 배웠기에 시험 준비 기간에는 빠져요. 시험 끝나면 시험 마쳤다고 쉬고 싶어하고 조금만 피곤해도 교회에 안 와요. 개인 일, 학점, 직장이 우선순위에 있다 보니 교회는 늘 뒷전이에요.

아픔을 치유하는
다섯 가지 대안

첫째, '경쟁의 좌절감'을 위로해주세요

무한 경쟁 사회 속에서 부모도 쉬지 않고 자신의 자녀가 계속 경쟁하게 해요. 옆의 친구에게 뒤지지 않게 하려는 거예요. 그러니 자녀들은 자신이 좋아하는 사람에게도 이겨야 하는 거예요. 성적 순위로 인생을 평가받으니까 힘들어요. 모든 삶이 아름답다고 존중받아야 하는데, 공부를 잘해야만 가치 있는 삶이라고 여겨져요. 하나님 안에서 각자 주어진 부르심을 따라 살아야 하는데 짜인 틀 속에 들어가지 않으면 이상한 사람으로 비추어져요.

경쟁이 끊임없이 이어지다 보니까 우울감이 생길 수밖에 없어요. 불특정 다수와 경쟁하다 보니 거기서 내려지는 평가가 비참해요. 반에서 1등을 해도 전교의 1등이 따로 있고, 전교에서 1등을 해도 전국 1등이 따로 있으니 좌절하게 되지요. 이렇게 경쟁에서 지친 아이들을 위로하고 달래주세요.

둘째, '상대적인 박탈감'을 이해해주세요

초등학교 다닐 때는 시험이 없어요. 성적표는 있지만 등수를 매기지 않아요. 그런데 왜 엄마들이 열심히 학원에 보내는지 모르겠어요. 아내가 이런 이야기를 하더라고요. 강남구, 송파

구에는 중학교에 가면 영어로 15분을 스피치를 하는 시간이 있다고 해요. 그런데 반의 3분의 2가 영어로 줄줄 연설을 해요. 3분의 1은 상대적 박탈감을 느끼게 되지요. 그래서 대부분 부모들은 방학이 되면 50-70퍼센트 이상 해외로 언어연수를 보내요. 북미뿐 아니라 필리핀에 좋은 학원이 있다고 하면 1년 전에 예약이 마감이 될 정도에요. 초등학교 1학년 때는 영어를 하지 않아도 되는데, 중학교 때 영어 스피치를 하니까 방학 때 영어 연수를 보내 나중에 할 영어 스피치를 미리 준비하는 거예요. 초등학교 때부터 이 학원 저 학원을 보내는 것이 다 상대적인 박탈감을 느끼지 않도록 하려는 것이지요.

그런데 자녀들은 정작 초등학교 때부터 박탈감을 느끼게 됩니다. 부모가 이리 굴리고 저리 굴리다 보니 힘든 거예요. 좀 쉬고 싶고, 놀고 싶고 자유롭게 책도 보고 싶은데, 그럴 수 없게 만드니 박탈감을 느끼는 거예요. 나중에 외국어고등학교 같은 데 들어가 보면 자기만 잘하는 게 아니에요. 아무리 밤을 새워 공부를 해도 더 잘하는 친구가 있으니 주눅이 들고 허탈하기까지 한 거예요. "공부하는 머리는 따로 있구나", "해봤자 안 되는구나" 하면서 우울해져요.

교회와 교역자는 세상이 추구하는 교육 가치관이 아니라 하나님의 마음을 전해야 해요. 이런 상황에 놓인 다음세대를 온전히 이해하고 설교해야 해요. 때로는 위로해주고 도전도 주어야 해요. 그런데 간혹 목회자가 다음세대에 대한 선명한 이해 없이 부담스러운 율법적 설교만 할 때가 있어요. 학교 선생님이나 부모님이 원칙만 말하는 것처럼 "하나님이 이걸 원하신다!"라고만 말해요. 성경에서 시작해서 성경으로 끝나는 설교가 말 그대로 성경적이지만, 어린 친구들은 그러면 처음부터 귀를 닫아 버려요. 다음세대는 그런 설교에 자신들이 고민하는 접촉점이 없기에 들으려고 하지 않아요.

그래서 저도 청소년부 설교를 준비할 때마다 고민이 많아요. 전달해야 할 것도 많고 가르쳐줘야 할 것도 너무 많아요. 그런데 생각해보면 그런 지식보다 아이들의 마음을 한번이라도 읽어주는 게 더 필요해요. 친구들의 마음을 읽어준 다음 말씀을 넣어주어야 심겨요. 마음이 통해야 그들에게 설교가 들리는 것이지요. 이런 것이 작업이라면 매우 정교한 작업인 것 같아요.

제가 볼 때 다음세대 친구들은 자기들의 마음을 읽어주지 않는 교역자에게는 마음을 털어놓을 수 없는 것 같아요. 거리감은 물론이고 괴리감마저 느낄 때도 있어요. 아이들이 속마음을 털어놓을 정도가 되려면 교역자가 아이들이 느끼고 있는 우울감이나 박탈감이 무엇인지 알고 느낄 수 있어야 합니다. "이번 생은 망했어!"라는 청소년들의 절망감 속에 같이 들어가 있어야 소통이 되는 거예요. 교역자가 아이들을 조종하려는 것이 아니라, 아이에게 받아들여져야 설교가 들리고 그들의 삶이 바뀌는 거예요. 이른바 그런 '클릭' 없이 "하나님이 너희를 인도하실 거야", "너희를 사랑하셔", "걱정하지 마" 같은 뻔한 멘트를 아무리 날려도 다 공중으로 분해됩니다.

제가 전도사 시절의 일이었어요. 다른 교회를 다니는 고등학생 지민을 만났는데, 그가 제게 이런 말을 했어요.

"전 교회 가기 싫어요. 나는 평안하지 않은데 목사님은 자꾸 평안하래요. 현실은 평안할 수 없는데 평안을 주실 거래요. 도대체 그게 무슨 평안이에요?"

저는 그 말을 듣고 깜짝 놀랐어요. 사실 저도 그런 설교를 가끔 했거든요. 다음세대 친구들은 하나님의 말씀뿐만 아니라 자신들의 고민을 충분히 들어주는 교역자를 통해 하나님의 말씀을 받아들이고 변화되더라고요.

어느 날 교회에서 만난 지석에게 이런 질문을 던졌어요.

"지석아! 요즘 어떤 게 가장 짐이야?"

지석이 갑자기 울기 시작했어요. 지석은 부모의 지나친 기대감으로 힘들어 하고 있었어요. 그런데 자신에게 무엇이 가장 무거운 짐인지 물어봐 준 것 자체가 너무 고마웠던 거예요. 지석이 울고 있을 때 주변에 있던 친구들이 안아주었어요.

교회에서 성경과 교리를 지식적으로 가르치려고 하기 전에, 먼저 다친 마음을 어루만지고 품어주어야 해요. 무엇 때문에 힘들어하는지 점검해주세요. 물론 설교가 논리적이고 들려지기도 해야 해요. 그러나 더 필요한 것은 바로 다음세대를 사랑하는 마음이에요. 친구들을 사랑하며 깊이 공감해주고 이해해주세요.

셋째, 말이 통하고 영향을 주는 멘토가 되어주세요

제가 사역을 시작할 때는 주말에 교회에서 자기도 했어요. 토요일에 아이들과 밥 먹고 운동도 예배 준비도 같이 했어요. 청소년부 친구들은 교역자가 중소기업 사장인 줄 알아요. 떡볶이집 가면 떡볶이만 시키지 않고 거기 있는 걸 다 시켜요. 그렇게 함께 생활한 친구들이 이제는 선교사, 목사, 사모가 되었어요. 그때의 제자가 유학 중에 잠시 한국에 왔을 때 저를 찾아왔는데, 청소년부 시절에 자신들과 함께 해주어서 고마웠다고 하더라고요. 그때 알았어요. '다음세대 사역의 열매는 바로 얻는 것이 아니라 나중에, 5년, 10년 뒤에 맺는 것이로구나.'

다음세대 사역을 20년 이상 해오다 보니 느끼는 것은, 다음세대에게는 교사와 목회자보다 아버지나 어머니처럼 따뜻한 멘토가 필요하다는 거예요. 정말 배울 수 있고 의지할 수 있고 존경하는 멘토가 있으면 마음속에 있는 이야기를 다 해요. 중고등부 수련회에 갔을 때 한 친구가 이런 이야기를 했어요.

"교회에 정말 말이 통하는 분이 있으면 좋겠어요. 제가 모든 걸 이야기했을 때 안전하다고 느낄 수 있고 신뢰할 수 있는 사람이요."

그 친구는 자신이 동성애자인 것 같다는 이야기도 하고 상담 받을 수 있을 분이 있으면 좋겠다고 했어요. 무슨 문제든 다 이야기할 수 있는 멘토가 필요하다는 거예요. 그냥 마음만 따뜻한 멘토가 아니라 양육해주고 이끌어줄 사람이 필요해요.

양육반에서 훈련을 받은 '빛나'라는 친구가 있는데요, 양육훈련 과제 중에 하나가 부모님에게 편지를 써서 드리는 거예요. 고향 집에 내려가서 엄마한테 편지를 드리고 오려는데 쉽지 않았어요. 집을 나오기 전에 서성이고 있으니 엄마가 "너 왜 그래?" 그러자 눈물을 확 쏟아버렸어요. "너 왜 엄마에게 편지를 주려고 했으면 주면 되는데 왜 그러니?" 그 말을 듣고 마음속에 있던 이야기를 털어놓았어요.

빛나가 어렸을 때 정말 믿음에 대해 궁금해서 한 가지 질문을 엄마한테 했다고 해요. 엄마와 아빠는 그때 모두 주일학교 부장이었는데, "넌 그것도 몰라?" 그러면서 핀잔을 준 거예요. 엄마가 너무 믿음이 없다는 식으로 반응해서 그 다음부터는 속마음을 한 번도 열어 보이지 않았던 거예요. 제가 준 양육 과제라 편지를 써서 전해야 하겠는데 드리기가 쉽지 않았어요. 다행히 그날 엄마랑 같이 울고 엄마와 더 가까워지게 되었어요. 멘토는 이렇게 양육을 통해 말씀을 가르치고 삶에 적용해야 할 내용도 해볼 수 있도록 도와주어야 해요.

다음세대는 목회자만이 아니라 교회 밖에서도 멘토를 만날 필요가 있어요. 미술이면 미술, 문학이면 문학, 교육이면 교육, 모든 영역에서 멘토를 만나 도움을 받아야 해요. 그러나 요즘 같은 세상에서 사실 쉽지 않지요. 예전에는 "나는 이분한테 영향을 받았어! 이분이 나의 스승님이야!"라고 말할 수 있었어요. 교회 목사님, 학교 선생님, 동네와 교회 형 누나가 선한 영향을 주었어요. 그런데 요즘은 이렇게 다음세대를 품고 섬겨주는 사람들이 줄어들고 있는 듯해요.

몇 주 전에 한 어머니가 사무실로 오셨어요.

"우리 아이 고기 사 주셨다고요? 너무 감사합니다. 제 아이가 지금은 교회에 잘 나오고 있는데, 칭찬 많이 해주세요. 아이가 착하기는 한데 말수가 적고 자기 의사 표현을 잘 못합니다. 제가 어릴 때 너무 강압적으로 이끌어 그런 것 같습니다."

제게 자녀를 잘 돌봐달라고 부탁하시면서 어머니가 갑자기 눈물을 흘리셨어요. 그런데 그 분의 '아이' 나이가 40이 가까웠어요. 여전히 자기 의사표현을 잘 못해요. 공부도 잘했고 부모님 말에 순종도 잘 했지만 내성적이에요. 교역자가 그런 자녀에게 밥을 사준 것이 너무나 감사해서 찾아오셨던 거예요.

교역자만이 아니라 또래 친구 중에서도 멘토가 될 수도 있어요. 하루는 저녁에 주은이와 그의 친구 3명을 만나서 같이 고기를 먹었어요. 주은이는 그 친구들이 예배에 오도록 매주일 아침마다 깨워요. 카톡방에 8명이 있는데, 그 친구들은 교회 소그룹에도 속해 있지 않아요. 그러나 주은이가 자기가 마치 소그룹 리더인 것처럼 매주 친구들에게 연락하고 교회 오도록 독려하고 있어요. 주은이가 친구들의 멘토가 되어주고 있는 것을 확인할 수 있었어요. 목사와 선생님만 멘토가 되는 게 아니라 또래도 멘토 역할을 할 수 있는 거예요.

넷째, 자기 비전을 찾도록 도와주세요

시연이에게 물었어요.

"네가 하고 싶은 게 뭐야?"

대답은 짧았어요.

"없어요."

그러더니 이렇게 말했어요.

"엄마가 앞으로 드론이 유망할거라고 드론학과에 가래요."

시연이는 미국의 학교에서 드론을 배웠어요. 그런데 전혀 흥미가 있어 보이지는 않았어요.

비전을 어떻게 찾아야 할까요? 자기에게 맞는 비전은 3가지를 체크해보면 대략 알 수 있어요.

첫째, 내가 즐거워하는 것이 무엇인가?

둘째, 내가 잘하는 것은 무엇인가?

셋째, 내가 그것을 할 때 다른 사람에게 유익이 되는가?

이 3가지가 어우러질 때 자신의 비전이 될 수 있어요. 그런데 지금 다음세대는 전혀 즐겁지 않은 일을 하는 경우가 많아요. 물론 재미가 없어도 공부를 해야 하지요. 그러나 자신이 전공으로 삼고 직업을 택할 때도 전혀 기쁘지 않고 재능이 없는데 선택하는 경우가 많아요. 남들에게도 유익하지 않은데 부모의 꿈을 위해 혹사당하는 경우도 있어요. 그러니 아이들이 자기만의 비전(꿈)을 찾도록 도와주세요.

다섯째, 명령하기 전에 충분히 들어주세요

요즘 아이들은 잘 들어주면 돼요. 교역자가 잘 들어주기만 해도 아이들에게 인정받아요. 부모님들이 워낙 안 들어주기 때문이에요.

2016년 수련회 때 기도회를 마치고 몇 몇 청소년들과 밤새 이야기를 나누었어요. 새벽 2시가 되었을 때 한 친구가 이런 말을 했어요.

"목사님! 저희 이야기를 들어주시고 함께 해주셔서 너무나 감사해요."

같이 있어만 주었는데, 그것이 정말 감사했다고 했어요.

한참 감성적인 청소년기에는 논리적으로 말하는 사람보다 함께 있어주고 자신들의 이야기를 경청해줄 사람이 필요한 거예요. 너무 이성적이고 논리적으로 접근하면 오히려 부담스러울 수 있어요. 다음세대가 자기 밑바닥까지 이야기할 수 있도록 충분히 들어줘야 해요. 하지만 어른들은 이렇게 말하려는 경향이 있어요.

"네 이야기 이 정도 들어줬으면 됐다! 이제 가서 네 할 일 해라!"

이제는 다음세대가 먼저 이렇게 말하도록 어느 정도는 들어주세요.

"들어주셔서 너무 감사해요! 이제 됐어요! 저는 가서 제 할 일 할게요!"

옛날에는 교회 생활을 할 때 아이들을 집단으로 모아 이야기를 나눠도 자기를 챙겨준다고 생각했어요. 하지만 지금 세대는 일대일로 만나야 해요. 조금 내성적인 아이들은 일대이로만 만나도 '이분은 나를 볼보아주고 있구나'라고 생각할 수 있어요.

옛날에는 학원도 최소 20-30명을 두고 강의했거든요. 그런데 학원 자체가 소그룹화되어 이제는 적으면 일대 삼, 많아야 일대 오, 일대 칠의 소그룹으로 가르쳐요. 세상이 바뀌었어요. 그런데 교회들이 이런 인식이 없어요. 여전히 집단으로 모이게 하고 지도자 한 명을 배정하면 된다고 생각해요. 지금 서울에 있는 교회들은 사역자를 평균 50명당 한 명씩 배정하고 있거든요. 그것은 옛날의 구조이고 과거의 방법이죠. 경청을 잘 해주려면 일대일 혹은 소그룹이어야 해요.

옛날에는 경청보다 명령하달식이었어요. 담임목사님이 부교역자에게 지시하면 알아서 다 되었어요. 지금은 지시한다고 해서 다 되지 않아요. 시대가 변하고 있어요.

이제는 교회가 다음세대를 섬길 때 다른 방식으로 해야 해요. 다음세대 목회자를 세우고 대우하는 방식도 달라야 하고요. 좀 더 예수님의 마음으로, 경청하고, 겸손하게, 낮은 방식으로 소통하려고 힘써주세요.

PART.4

"나를 위해
변화의 파도에
올라타세요!"

"아이들의 미래를 위한 열 가지 희망 제안"

이상갑목사

한국교회와 세계교회의 상황이 코로나19 이전과 이후로 달라졌어요. 특히 청년과 다음세대 사역은 그 변화가 더 심각해졌어요. 그만큼 충격이 크고 미래에 변화를 일으킬 거센 파도가 밀려왔지요. 이 파도를 넘어 다음세대 사역을 어떻게 헤쳐나가야 할지를 고민하면서 현실을 진단하고 함께 대안을 찾아가야 해요. 그러면 우선 현실이 어떤지 진단해볼까요?

한국교회 다음세대 상황 보고서

우리나라 정부에서 종교 인구를 처음 조사한 해는 1985년이에요. 그 해 개신교 인구는 650만 명 정도로 전체 인구의 16퍼센트였어요. 당시 개신교인을 연령별로 살펴보면 그 구성이 지금과 판이하게 달랐어요. 39세 이하 개신교인이 전체 개신교인의 79퍼센트로, 10명 중 8명이 젊은층이었거든요. 60세 이상 고령층의 개신교인은 전체 개신교인 숫자의 5.5퍼센트에 불과했어요. 그런데 불과 30년이 채 안 된 지금은 완전히 달라졌어요. 교회에 젊은층이 눈에 띄게 줄었거든요. 심각한 고령화 현상과 더불어 어린이와 청소년, 즉 다음세대의 쇠퇴 앞에서 이들을 위해 사역하는 이들이 갈 바를 모르고 방황하고 있어요.

한국갤럽이 2014년 4월 17일에서 5월 2일 사이에 전국 만 18세 이상 남녀 1,500명을 대상으로 면접조사를 했어요. 그리고 발간한 '한국인의 종교 보고서'를 보면, 종교를 가진 20대의 비율은 그때보다 10년 전의 45퍼센트에서 31퍼센트로 무려 14퍼센트나 감소했다고 해요. 30대 종교인의 비율 역시 10년 전 49퍼센트에서 38퍼센트로 11퍼센트나 감소했어요. 청년층의 종교 이탈이 가속화되고 있다는 뜻이지요. 20-30 세대의 탈(脫) 종교 현상은 종교 인구의 고령화, 즉 종교를 가진 사람의 평균 나이가 많아졌다는 것을 뜻해요. 향후 10년에서 20년 내에 종교 인구가 더 줄어들고, 교회의 고령화, 다시 말해 교인의 평균 연령이 높아질 가능성이 크다고 볼 수 있어요.

2012년 한국 대학생의 생활과 의식에 대해 조사했던 학원복음화협의회 자료에 따르면 기독교를 믿는다고 응답한 대학생은 18퍼센트였어요. 특이한 점은 성경 전체를 진리로 믿는다고 답한 대학생이 6.8퍼센트에 불과했다는 거예요. 이것은 무엇을 의미할까요? 전체 대학생 가운데 11.2퍼센트가 기독교를 믿는다고 답은 하지만, 사실은 성경의 영향을 받지 않는 명목상의 그리스도인일 가능성이 높다는 해석이 가능한 거예요. 청년층의 '가나안' 성도 현상, 즉 예수를 믿는다고 하지만 교회에는 '안 나가'는 현상이 나타나면서, 종교란의 기독교인에 표시는 하지만 교회는 다니지 않는 청년층이 증가하는 것으로 보이는 것이죠.

더 최근 자료인 '한국 기독교 분석 리포트 2018'에서는 특히 가나안 교인이 급격하게 증가한 결과가 두드러지게 나타났어요. 기독교인 중에서 무려 23.3퍼센트가 교회에 출석하지 않고 있다고 응답했거든요. 2012년의 조사 결과인 10.5퍼센트에 비해 2배 이상이나 증가한 수치예요. 대학생 중에 가나안 교인은 무려 28퍼센트에 달한다는 결과도 나왔어요.

기독교인이라고 하면서 가나안 교인이 되는 이유는 '(교회에) 얽매이기 싫어서'라는 응답이 44.1퍼센트로 가장 높았어요. 특히 젊은 세대일수록 교회를 거부하는 비율이 더 높아지고 있어요. 모태신앙인이거나 어린 시절에 교인이 된 사람들이 20-30대에 교회를 떠나는 비율은 더 높아요. 결코 가볍게 보아서는 안 될 현상이에요.

이토록 교회에 다음세대가 줄어들고 청년층의 영적 사막화가 심각하게 진행되는 이유는 어디에 있을까요? 저는 외적인 이유가 기독교 이미지의 추락과 신뢰의 상실이라고 생각해요. 언론에 등장하는 교회와 영적 지도자들에 대한 각종 부정적인 소식들이 다음세대의 마음을 잃어버리는 요인으로 작용하는 것이죠. 특히 코로나19 이후로 기독교의 신뢰도는 더욱 빠르게 추락할 것입니다. 기독교(개신교)는 천주교나 불교와 달리 개별 교회의 선택을 존중하는 분위기인지라 현장 예배를 진행하는 과정에서 본의 아니게 언론에 부정적인 뉴스가 많이 나왔지요. 안타깝지만 이것이 이미지 추락과 신뢰도 상실로 이어질 것이라고 예상해요.

이런 외부적인 요인과 더불어 다음세대가 영적으로 사막화되는 그들의 내적 요인도 주목해야 해요. 그들이 교회 공동체에서 예수 그리스도의 제자로 세워지지 않은 것이에요. 그 때문에 영적인 공동체성이 빈약해졌다는 것이 더 심각한 문제죠. 다음세대에 대한 목회자의 철학도 빈약해서 다음세대 사역이 계속 후퇴했다는 점도 주목할 필요가 있어요. 추수만 생각하고 씨를 뿌리는 과정을 생략해버린 후유증이 나타나는 거예요. 씨를 뿌리지 않으면 거둘 것이 없거든요. 따라서 이런 상황을 심각하게 인식하고 대안을 찾아가는 작업이 총체적으로 필요해요.

이런 현상을 해결하고자 2019년에 한국교회총연합이 한국교회 교육 심포지엄을 개최했는데, 여기에서 박상진 교수(장로회신학대학)가 '미래사회 교회교육, 어디로 가야 하나?'라는 제목으로 발제한 내용을 주목할 필요가 있어요.

박상진 교수는 교회학교 학생 수가 줄어드는 것이 학령인구(학교 다니는 학생 인구)의 감소보다 더 빠르다는 걸 교회학교의 심각한 위기로 꼽았어요. 그의 조사에 의하면, 지난 10년 동안 교회학교 아동부 기준으로 학생 수가 무려 41.1퍼센트나 감소했다고 해요. 그동안의 학령인구 감소는 30퍼센트 정도였으니 교회학교의 학생 수가 그 학령의 인구보다 10퍼센트 이상이나 더 줄어든 거예요.

박상진 교수는 '교회학교 위기 요인 분석 연구'에서 교회교육에 위기를 불러온 요인을 크게 10가지로 꼽았는데, 그 중에서 '부모 요인', 즉 가정에서 신앙교육을 제대로 하지 않는 부모의 책임이 가장 크다고 지적했어요. 그가 꼽은 '교회교육의 위기 10가지 요인'은 구체적으로 다음과 같은 것들이었어요.

첫째, 가정의 신앙교육 부재,

둘째, 세속적 자녀교육관,

셋째, 부모의 신앙 저하,

넷째, 교사와 학생 사이의 인격적 관계 상실,

다섯째, 학생 상호간의 분리와 공동체의 부재,

여섯째, 흥미의 부족,

일곱째, 교재와 적용의 분리로 인한 지식과 삶 사이의 괴리,

여덟째, 목회와 교육의 분리로 교육부 소외 현상,

아홉째, 지역사회와 교회의 분리,

열째, 공공성(公共性) 저하.

이런 것들이 교회학교의 위기에 큰 영향을 미쳤다고 본 거예요.

패러다임의 파격적 변화가 필요해요

저는 박 교수가 지적한 10가지 중에 첫째로 꼽은 부모 요인이 중요하다고 생각해요. 자녀 학업에 대한 부모의 교육관이 다음 세대 신앙교육을 결정한다고 말할 수 있기 때문이죠. 그래서 그는 오늘날 교회학교의 위기를 극복할 첫째 대안은 결국 부모를 자녀 신앙교육의 주체로 다시 세우는 것이라고 말했어요.

이러한 위기 요인을 총체적으로 극복하려면 기독교 교육이

교회를 넘어 가정과 학교 등 다양한 현장에서 연계되어 반복되고 통합돼야 해요. 교회 안에서만 이뤄지던 기독교 교육이 가정과 학교와 지역사회로까지 유기적으로 이어져 심화되고 보완되어야 한다는 것이지요. 그럴 때 학생이 변화될 가능성이 극대화되기 때문이에요.

그런데 이런 대안도 결국 가정의 신앙 교육이 우선 활성화되는 것을 전제로 해요. 세속적 자녀 교육에서 하나님 나라를 위한 자녀 교육으로 부모의 가치가 먼저 바뀌어야 하고, 동시에 부모세대의 신앙 성장이 필요하지요.

박상진 교수는 이런 대안을 제시하면서, 아울러 교회에 파격적인 제안을 해요. 이제는 담임목사가 다음세대 사역 본부장이 되어야 한다고 주장한 거예요. 교회 전체가 다음세대를 양육하는 구조로 재편되어야 한다는 것이지요. 형식적인 수준의 땜질식 처방으로는 변화를 일으키기 힘들다는 뜻이에요.

그러면 우리는 다음세대 사역을 위해 무엇부터 어떻게 준비해야 할까요? 정말 필요한 작업은 언제나 문제만 분석할 것이 아니라 대안을 준비하고 진행하는 것이라고 생각해요. 근본적인 처방은 크고 작은 대안보다 패러다임을 전환하는 일이지요. 아무리 좋은 대안 같아도 과거의 패러다임으로 땜질식 처방만 해서는 변화가 일어날 수 없거든요. 변화를 원한다면 결국 이 시대에 맞게 패러다임을 바꾸는 근본적 작업부터 해야만 하죠.

중요한 것은 미래를 열어가는 패러다임으로 바꾸는 거예요. 대부분 과거 세대의 패러다임을 여전히 따라가고 있으니까요.

다음세대 사역을 위한 패러다임으로 전환하려면 지속, 반복, 집중적인 꾸준한 헌신이 필요해요. 이것이 변함없는 복음을 변화하는 세대에 전할 수 있는 변화의 시작입니다. 다음세대를 담아내고 새로운 길을 열어가기 위하여, 다음세대 사역에서 전환되고 시도되어야 할 10가지 패러다임을 제안합니다.

첫째 제안 :
제자 삼는 사역에 미쳐야 해요

사역자부터 예수님의 제자가 되어서
제자를 삼는 사역을 미친 듯이 하세요.

다음세대 사역자는 화려한 프로그램에 속지 말아야 합니다. 건강하지 못한 교회성장 일변도의 프로그램이 지나간 자리에는 영적 쓰레기가 난무합니다. 프로그램의 부작용이 그만큼 많다는 뜻이지요. 하지만 사람을 키워내는 제자 사역에는 항상 사람이 남아요. 그러므로 프로그램이 아닌 예수님의 제자를 삼는 일이 최우선 사역이 되어야 합니다. 결국 교회의 희망은 예수님을 닮아가고 예수님이 하셨던 그 일을 할 수 있는 사람인 것이지요.

그런데 오늘날 한국교회 다음세대 사역에서 가장 큰 문제는 '먼저 제자가 되고 다음세대를 제자로 삼는 사역자'가 적다는 것일 수 있어요. 먼저 제자가 되어서 섬기는 사역자와 직업적으로 일하는 사역자는 다릅니다.

다음세대도 마찬가지예요. 청소년, 청년도 제자가 되어야 해요. 군중은 많아도 순식간에 흩어집니다. 제자가 되어야만 오로지 자기를 부인하고 묵묵히 자기 십자가를 지고 예수님의 발자취를 따라갈 수 있어요. 그런 까닭에 우리 시대는 자신이 먼저 제자가 되어서 다음세대를 제자 삼으려는, 다음세대를 그렇게 사랑하는 사역자들이 필요해요. 옥한흠 목사님이 '광인론'에서 언급하신 것처럼, 수시로 광야로 나가서 하나님의 음성을 경청하는 진정한 복음의 광인이 필요한 거예요. 한 사람의 소중함을 인식하고, 소수일지라도 진액을 쏟아 부어서 예수님의 제자를 삼는 리더이지요.

예수님의 제자가 된 사역자는 건강한 제자훈련에는 단순한 지식의 전달이 아닌 삶으로 가르쳐 지키게 하는 실천이 있어야 한다는 것을 잘 알고 있어요. 먼저 예수님의 제자가 된 사역자만이 삶으로 가르칠 수 있기 때문에 자신이 먼저 제자도를 체질화하는 작업을 계속합니다. 결국 제자가 되어 제자 삼는 사람이 희망입니다. 특히 다음세대 사역자는 예수님과 사도 바울처럼 "너희는 나를 본받는 자가 되라!"고 과감히 말할 수 있어야 해요. 이 시대는 이런 리더가 부족합니다.

세상에는 두 부류의 리더들이 있어요. 거짓 리더와 참된 리더이지요. 거짓 리더는 온갖 악취를 내요. 그들의 삶은 언제나 부와 명예와 권력이 집중된 화려한 왕궁을 지향합니다. 그런 사역자는 조심해야 해요. 반대로 참된 리더는 광야를 지향합니다. 자기를 쳐서 복종시키며 예수님의 발자취를 따르는 제자도를 추구하지요.

저는 한국교회의 다음세대 사역 현장에서 제자 삼는 사역에 푹 빠진 광인들이 많아지기를 기대합니다. 다음세대 사역자들이 다음세대를 살리고 키우는 일에 미쳐서 살아가는 만큼, 분명 변화된 제자들이 나오리라 확신하기 때문이에요.

그러면 제자는 어떻게 삼을 수 있을까요? 커다란 숲도 한 알의 씨앗에서 시작하지요. 다음세대를 위한 사역은 숲에 나무 하나를 심는 마음으로 장기적인 관점에서 해야 해요. 매년 교회학교에서 한 명이든 두 명이든 소수라도 사람을 변화시키는 제자훈련을 일단 시작해보세요.

적용 : '다니엘과 세 친구' 모임 만들기

제게는 이런 소망이 있어요. 교회에서 모든 사역자가 다음세대를 말씀으로 양육하고 훈련하는 거예요. 교회에서 예배와 분반 공부 모임을 1시간으로 끝내지 않고 별도로 제자 훈련반을 만들고 싶어요. 그것을 예컨대 '다니엘과 세 친구 모임'이라고 칭하고, 하나님 앞에서 뜻을 정한 친구들이 모여 성경을 읽고 기도하면서 하나님 앞에서 씨름하는 공동체를 만들고 싶은 거예요. 시대의 흐름에 따라 흔들리기보다 말씀을 따라 살아가는 거룩한 세대로 우뚝 서서, 세상을 역류하며 함께 성장해가는 영적인 공동체가 되면 좋겠어요.

이런 모임을 가지는 건 어렵지 않아요. 누구나 시도할 수 있어요. 큐티 묵상을 나누는 모임으로 충분하거든요. 교사든 학생이든 누군가 그 중에서 리더가 돼 매일 각자 큐티를 하고 SNS를 활용한 영적 네트워크를 통해 서로를 점검하는 것이지요. 매일 점검하는 큐티 모임에서 시작해 정기적인 기도 모임과 학습 공동체도 만들어 꿈을 나누고 서로 응원한다면, 충분히 세상을 역류하면서 대안의 사람으로 성장해갈 거예요.

저는 실제로 이런 방식으로 주일의 예배와 분반공부 외에 주중의 큐티 모임을 따로 가진 적이 있습니다. 자원하는 10대들과 매주 모였어요. 큐티를 깊이 나누다 보니 꿈이 생기고 공부도 더 열심히 하는 경험을 여러 번 했어요. 말씀을 따라가면 당장 손해 볼 것 같지만, 실제로는 삶의 변화와 도약을 경험하는 방법이랍니다. 그래서 저는 이런 모임을 확신 있게 추천해요. 거룩한 제자들의 모임을 여러분도 시작해 보세요. 두세 사람이면 충분해요.

둘째 제안 :
유기적 공동체를 세워주세요

분리나 단절이 아닌
그리스도의 몸인 유기적 공동체를 세워가세요.

다음세대가 교회 공동체를 그리스도의 몸으로 인식하게 해야 합니다. 다음세대도 예수 그리스도를 머리로 모시는 몸의 지체라는 의식이 필요하고, 교회에서 그런 지체가 되는 공동체 경험이 다음세대를 살리기 때문이에요. 그러자면 실제 몸과 같은 유기적인 공동체 의식을 가지고서 세대를 통합하고 연결하는 사역에 대해 고민해야 해요.

그런데 오늘날 다음세대 사역은 장년으로부터 분리되고, 심지어 가정으로부터도 단절돼 외딴섬이 되고 있어요. 지체의식을 못 느끼게 하고 있는 겁니다. 그래선 안 됩니다. 교회 내부에서 어른들과 연결되고 교회 외부에서도 연결되어야 해요.

교회의 다음세대 공동체가 그리스도의 몸으로서의 유기적 공동체가 되게 하려면 사역자가 먼저 "예수님이라면 어떻게 하실까?"를 늘 고민해야만 합니다. 사람의 생각도 종종 공동체성에서 멀어지게 만들거든요. 사역자가 이것만 치열하게 고민해도 사역의 방향성이 선명해질 거예요. 문제는 사역자들이 교회에서 많은 프로그램을 진행하면서도 "예수님이라면 어떻게 하실까"라는 고민을 빼놓고 있는 거예요. 그러다보니 그런 사역자를 통해 자라는 다음세대가 예수님을 닮기보다 각자 자기 생각에 좋을 대로 살아가기 쉬워요. 그 결국은 다음세대가 하나님을 알지 못하는 다른 세대가 될 위험에 빠질 수 있는 것이지요. 그러나 "예수님이라면 어떻게 하실까"를 고민하는 사역자의 공동체는 달라질 거예요. 공동체의 관심을 하나님의 관심사에 둘 것이고, 하나님이 그 시대 상황 속에서 하시고자 하는 일에 반응하게 될 거예요.

또한 다음세대가 유기적 공동체를 경험하기 위해서는 가정과 교회와 학교를 연결해 총체적으로 사역을 진행해야 합니다. 무엇보다 부모부터 자녀에게 신앙전수의 주체가 되어야 해요. 자녀의 신앙을 교회 주일학교에 맡기는 걸 전부라고 생각하지 말아 주세요. 교회가 자녀의 신앙을 전부 책임진다고 생각하지도 말아주세요. 이제는 가정에서부터 신앙 교육을 책임지는 방향으로 가야 합니다.

교회에서 고작 일주일에 1시간 내외의 설교와 분반공부로 영적 변화를 일으키기는 어려워요. 부모가 가정에서부터 신앙전수를 소홀히 하면 자녀가 예수님의 제자로서 살기 쉽지 않아요. 가정에서 신앙과 삶을 함께 나누고 기도하면서 교회와 교육 내용을 연계해야 합니다. 그런 다음 학교에서도 신앙교육이 연결되는 방법을 고민하는 것이 필요하지요. 교회와 가정이 유기적으로 연결돼 예수님을 머리로 모신 공동체는 영적 운동력이 있고 선명한 생명력이 있습니다. 주의 손과 발이 되어서 세상을 치유하며 주님을 따라갈 수 있는 인물을 키워낼 수 있지요. 그러니 어떻게 하면 숫자를 늘릴 것인지 고민하지 말고, 어떻게 하면 주님이 기뻐하실 제자가 될지 치열하게 고민해야 해요. 사역자와 부모가 그렇게 고뇌하면서 다음세대가 그리스도의 몸 된 지체로서 시대적 대안이 되게 하는 것, 이 시대의 작은 예수가 되도록 하는 것이지요. 그렇게 하기 위해, 교회가 세대통합예배를 드리거나 세대를 뛰어넘어 큐티 나눔을 공유하면서, 유기적인 공동체를 세워가기를 제안합니다.

적용 : 자녀와 함께 큐티를 해요

저는 종종 딸과 함께 큐티를 하곤 해요. 물론 너무 바빠서 매일 함께 하진 못해도 적게는 일주일에 한 번, 많게는 세 번 정도 해요. 먼저 아빠인 저 자신이 아침에 큐티를 하고 하루 종일 그것을 묵상하고 실천하려고 해요. 그리고 저녁에 집에서 딸이 보는 큐티 책을 가지고 대화를 나누지요. 물론 딸의 눈높이에서 큐티 나눔을 해요. 이럴 때 딸이 좋아하는 방식으로 하는 것이 중요하거든요. 딸은 하나님께도 저에게도 소중하니까요.

이전에는 딸이 어떤 생각과 고민을 하는지 듣지도 알지도 못했어요. 그런데 함께 큐티 묵상을 나누면서 딸과 이야기를 나누게 되니 딸이 어떤 생각을 하는지도 알게 되어서 참 좋아요.

부녀가 자주 대화하지 못했는데 큐티를 통해서 대화도 많이 하게 되었어요.

부모로서 자녀와 함께 큐티를 할 때, 또는 세대를 뛰어넘어 어른과 다음세대가 함께 큐티 나눔을 할 때 주의할 것은 부모와 어른들이 가르치려들지 않는 거예요. 다음세대의 마음과 생각을 잘 경청하려고 노력하는 것이 우선 중요하지요.

우리는 부모세대와 자녀세대가 점점 단절되는 시대를 살아가고 있기에, 단절을 넘어서도록 공유하고 공감하고 소통하는 것이 필요해요. 큐티는 그런 세대 간의 단절까지 뛰어넘어 서로를 이어줄 수 있어요. 큐티를 나눌 때, 자녀 세대도 부모세대의 상처에 귀를 기울여주세요. 상처 없는 사람은 아무도 없어요. 그리고 부모세대를 위해 기도해주세요. 우리는 나이와 상관없이 서로를 응원해주는 것이 필요하니까요.

셋째 제안 :
교회들끼리 연합해보세요

**교회의 크기나 모이는 숫자에 집중하기보다
교회들의 연합과 일치를 추구해요!**

우리 시대는 공룡보다 개미의 모델에서 배워야 합니다. 작은 교회라고 해서 사역의 범위를 제한하지 말아야 해요. 그러자면 교회가 기독교 사역 단체들을 다양하게 활용해 적극적으로 연합 활동을 할 필요가 있습니다. 다음세대 사역의 특징인 창조성과 다양성 속에서 피어나는 꽃은 연합과 일치이기 때문이에요. 하지만 문제는 언제나 우물 안 개구리처럼 생각할 때 생겨요. 나만 생각하는 사고방식은 나도 죽이고 공동체도 죽이거든요. 나라는 우물을 박차고 나와 연합하여 다양한 방식의 사역을 공유하고 공감하고 소통해야 해요.

물론 연합과 일치가 쉽지는 않아요. 그러나 조금만 관심을 가지고 살펴본다면 교회 규모에 메이지 않고 다음세대 사역을 창조적으로 진행할 수 있을 거예요. 그리고 연합의 목적은 숫자가 많아지자는 것이 아니에요. 다음세대 사역은 규모의 논리를 따르면 안 됩니다. 특히 재정의 한도에 묶여도 안 돼요. 한국 교회라는 큰 숲 안에서 다양한 모습의 연합 사역을 적극적으로 찾아 활용하면 재정의 문제는 어느 정도 극복할 수도 있어요. 내가, 각자의 교회가 모든 것을 다 하려고 하지 말고 전문성 있는 기관에 다음세대 사역을 위탁하고 서로 동역하면 오히려 새로운 사역의 길이 열릴 거예요.

작은 교회나 큰 교회나 모두 기억할 것은 외견상의 건물이 교회가 아니라는 사실입니다. 모인 군중의 머릿수도 교회가 아니고요. 교회는 예수 그리스도를 주요 그리스도로 고백하고, 그분의 통치와 다스리심을 받는 사람들의 모임이잖아요. 두세 사람이 예수님의 이름으로 모여서 예수님이 하셨던 일을 하는 곳이 교회인 것이죠. 그러므로 외모 콤플렉스, 숫자 콤플렉스에서 벗어나야 해요. 두세 사람이 모일지라도 예수님의 이름으로 무엇을 할 수 있는지 고민하면서 연합하면 놀라운 가능성이 펼쳐질 거예요. 창조성과 다양성을 추구하면서, 연합과 일치의 정신을 붙잡고서 계속 함께 사역한다면, 다음세대 사역은 그야말로 무궁무진한 가능성의 땅이 될 수 있어요.

앞으로는 점점 첨단 기술을 응용하고 사용하는 다양한 형태의 교회가 등장할 거예요. 따라서 교회 각각의 규모에 메이지 말고 네트워크를 형성하고 연합하여 일하면 더 자유로워질 것이고 다양한 사역이 가능해질 거예요. 이렇게 연대하면서 하나님 나라를 만들어가는 숲 속의 나무들로 각각의 교회 공동체가 세워져 가기를 기대합니다.

저는 솔직히 말씀드리면, 우리 시대는 어떤 면에서는 큰 교회보다 작은 교회에 출석하는 것이 더 행복할 수 있다고 생각해요. 대형교회는 인격과 인격의 만남이 빈약할 수밖에 없어요. 대형교회가 좋은 점도 있지만, 사람과 사람 사이에서 인격적인 사귐과 만남의 기회는 소형교회들에 비해 적을 수밖에 없으니까요. 그런 까닭에 대형교회에선 관계로서의 만남보다 기능적인 만남이 많아요. 그냥 겉도는 관계가 많아져서 서로 잘 알기 어렵고 형식적이기 쉽지요. 이것은 크든 작든 교회로서 존재하려면 반드시 해결해야 하는 과제이기도 해요.

그런데도 우리는 언제부터인가 대형교회는 좋은 교회라는 잘못된 생각을 하곤 해요. 또한 소형교회는 뭔가 부족하다고 생각하지요. 정말 그럴까요? 실제로 대형교회보다 사는 동네의 작은 교회에 다니면서 인격적인 사역자를 만나면 더 많은 변화를 경험하고 신앙생활이 행복할 수 있어요. 영적인 대화와 친밀한 사귐이 훨씬 많아지기 때문일 겁니다. 이런 작은 교회들이 전문 기관과 연계하거나 교회들이 모여 연합하면 더 좋은 열매를 거둘 수 있다는 것입니다.

적용 : 이웃 교회의 이모와 삼촌 만들기

저도 작은 개척교회에서 신앙생활을 할 때인 청소년 시절이 참 행복했다는 기억이 나요. 모두가 가족처럼 알고 지냈어요. 마치 여러 명의 이모, 고모, 삼촌을 둔 느낌이었어요. 수련회 회비를 대신 내주시고, 저를 집에 초대해서 맛있는 음식을 만들어 나누어 먹기도 했었지요. 그것은 큰 교회에서 피자와 치킨으로 파티를 하는 것과 또 다른 행복이었어요. 그러니 작은 교회 다닌다고 위축될 필요가 전혀 없어요. 오히려 지역의 작은 교회들과 연합하여 수련회를 가기도 하고 같이 찬양집회를 가보기도 하면서 함께하는 즐거움을 누리는 것이 더 소중한 경험이 되지요.

그러니 사역자들이 다음세대를 섬기기 원한다면 의미 있고 가치 있는 소그룹 모임에 더 집중하면 어떨까요? 크고 거창한 집회보다 작고 의미 있는 모임에 더 집중해보자는 것이에요. 청소년들 사이에 왕따가 많고 점점 교묘하게 인간성이 상실되어가는 시대 속에서 사람의 가치를 확인할 수 있는 작은 모임이 필요하기 때문이에요. 동시에 연합과 연대를 통해서, 여러 교회가 모인 다양성 속에서도 일치를 추구해보자는 것이에요. 지역에서 봉사활동을 할 때도 한 교회가 아니라 지역의 여러 교회들이 연합하여, 각각의 개성을 살리면서도 동시에 예수 그리스도의 이름으로 하나를 경험하면 그 봉사가 더 풍성해질 거예요. 그러니 다음세대가 주님과 동행하고 동시에 지체와 동행하는 즐거움을 누리도록, 서로 마음과 생각이 통하는 교회끼리 연합 사역을 시도해보세요.

넷째 제안 :
하나님나라 꿈을 심어주세요

욕망과 욕심이 아닌
하나님 나라의 꿈을 공유하고 공감하며 살아가요!

우리는 다음세대를 기성세대와 다르게 키워야 합니다. 그렇게 하려면 욕망을 탐하는 데서 빠져나오게 해야 해요. 무엇보다 다음세대가 입시 위주의 성적과 스펙 중심의 바벨탑 성공신화를 추구하는 것에서 떠나야 해요. 허다한 죄와 우상들로부터 떠나는 출애굽 여정처럼, 삶의 여정에서 성경적 가치를 따라가도록 해야 해요. 그런 까닭에 교회 안에서 강조되어야 하는 것은 성공이 아니라 성경이에요. 성공이 아니라 섬김이에요. 성공이 아니라 성육신이에요.

하지만 부끄럽게도, 최근 한국교회의 부끄러운 모습이 여럿 드러나면서 교회 공동체의 한계와 모순을 많이 경험하고 있습니다. 황금 송아지를 만들어 그게 하나님이라고 그 앞에서 춤추고 노래하면서, 그것을 예배라고 생각했던 이스라엘 백성들의 잘못을 지금 교회가 그대로 범하고 있어요. 쉬운 예로, 신앙이 있든 없든 좋은 대학이나 대기업에 취직하면 성공했다고 말하는 걸 신앙의 성공주의라고 말할 수 있는데, 그런 성공주의 신화에 깊이 빠져 있는 한국교회가 지금이라도 깨어나지 않으면 그대로 잠들 수밖에 없는 위험에 처해 있어요.

다음세대 사역도 마찬가지예요. 맘몬과 아세라의 논리에 빠져서 사람 모으기에 바쁘고 다음세대를 성공으로 몰아가기에 바빠요. 그래서 조직 관리만 하려고 하지요. 그런데 관리와 관심은 달라요. 관리 중심의 사역은 마음과 마음을 이어주지 않아요. 관리에 집중할수록 다음세대의 신앙이 아름답고 건강하게 성숙해갈 자리가 없어요. 그래서 아이들이 점점 신앙의 회의에 빠져요. 인간은 누구나 관리의 대상이 아니라 관심을 받아야 하는 소중한 존재임을 기억하세요.

그런데 안타깝게도 현실은 욕망을 탐하는 시대라는 거예요. 그래서 관심을 가지기보다 관리부터 하려 드는지도 모르지요. 성공이라는 바벨탑을 빨리 세우고 싶어서겠구요. 세상은 바벨탑을 세우기에 바쁘니까요. 높고 거대한 바벨탑을 통해서 자기를 하나님의 자리에 두려는 것이지요. 쾌락을 위해서라면 뭐든 하는 시대가 된 것 같아요. 점점 욕망이 합리화, 합법화되어가고 있어요. 현대인이 만든 성공신화는 남보다 더 높이 올라가고 많은 사람들 위에 군림하는 것이기에 그것이 현대판 바벨탑일지 몰라요. 그런 까닭에 다음세대 사역자는 그런 성공의 우상을 깨뜨리는 자여야 해요. 성공주의 우상과 치열한 영적 전쟁을 하지 못하면 다음세대의 신앙은 점점 무너질 거예요.

다음세대의 우상을 깨뜨리는 일은 관계와 관심에서 시작해야 해요. 하나님과 다음세대를 연결하는 관계를 세우고, 하나님의 관심을 다음세대의 관심으로 연결하는 것이 우상을 깨뜨리는 방법이지요. 그런 의미에서 다음세대 사역자는 관계가 아닌 관심을 무기로 삼은 우상 파괴자여야 해요.

다음세대의 우상을 파괴하는 최고의 방법은 하나님의 관심사가 다음세대의 관심사가 되게 하는 것인데, 그것을 쉽게 표현하면 하나님이 주신 꿈을 꾸게 하는 것이에요. 다음세대 관심의 초점을 하나님 나라 비전에 두도록 하는 것이지요.

만일 다음세대가 하나님께서 주신 꿈을 꾸는 세대가 된다면 세상 어둠의 흐름을 차단하고 세상을 변화시키는 꿈의 사람들이 될 것이고, 신앙에서 결코 떠나지 않는 영적 세대가 되리라 저는 확신해요. 그러니 다음세대 사역에서 꿈꾸는 자들이 세워지도록 초점을 맞추어 보세요. 그러면 그들은 결코 다른 세대가 되지 않을 것입니다.

지금 이 시대야말로 가장 강력하게 하나님 나라의 꿈을 외쳐야 할 때입니다. 하나님 나라의 꿈을 꾸는 세대가 되게 하려면 무엇보다 출세가 아닌 출애굽을 부르짖으며, 삶의 속도계가 아닌 방향계를 보도록 하는 것이 필요해요. 다음세대가 빨리 가려고 하기보다 바른 방향성을 가지고 성경을 삶으로 연결하도록 도와주어야 하지요.

성경을 삶으로 연결하는 방법은 성경을 정보전달이 아닌 변화를 위한 통로로 사용하는 것입니다. 사람은 정보로 변화되지 않아요. 변화는 하나님의 말씀과 만난 결과이지 단순한 지식 전달만으로는 일어나지 않지요. 아무리 오랫동안 많은 정보를 축적해도 영적인 변화는 안 돼요.

다음세대의 신앙을 건강하게 세우고 변화시키려면 하나님의 말씀을 삶의 자리에서 경험할 수 있어야 해요. 하지만 우리의 현실은 어떤가요? 다음세대가 어려서부터 성공해야 한다는 강박증에 시달리게 합니다. 좋은 학교에 가면 하나님께 영광이 된다고 가르치고, 좋은 직장에 들어가면 하나님께 영광이 된다고 가르치기도 해요. 저는 어찌 보면 그것이 바벨탑에 오르라고 가르치는 것이 아닌가 하는 생각이 들곤 합니다. 하나님을 추구하는 것이 아니라, 우리 안에 있는 잘되고 싶은 욕망을 추구하기 때문이지요. 교회가 '성적'과 '성공'이라는 바벨탑을 쌓는 공사를 하면서도, 오히려 그것이 하나님께 영광이 된다고 말하고 있으면 성경적으로 가르치는 것이 아니지요.

성경을 잘 살펴보세요. 성공해야 하나님께 영광이 된다는 말은 성경 어디에도 없어요. 그런 말은 사람들의 욕망이 만들어 낸 성공이라는 바벨탑에 불과해요. 정말 중요한 것은 세상이 인정하고 알아주는 대학과 직장에 들어가는 것이 아니라, 하나님이 인정하시는 바로 그 한 사람이 되는 것이 아닐까요? 하나님은 성공이라는 세상의 가치보다 성경의 가치를 따라 살아가는 사람을 찾고 계시지 않을까요? 성공을 향해 빠르게 달려가기보다, 성경을 따라 바르게 살아가려는 씨름을 하는 것이 하나님이 더욱 기뻐하시는 일이라는 사실을 기억해야 합니다!

적용 : 교회에서 서로 꿈을 말하고 응원해주기

저는 다음세대가 부모님의 소원과 세상의 기대치를 따라 사는 것이 아니라 하나님이 각자에게 주신 꿈을 따라 살아가도록 돕고 싶어요. 저는 다음세대에게 이렇게 말해주고 싶어요.

"우리 삶은 이 세상에서 딱 한 번 주어진 것이에요. 나에게 주신 하나님의 꿈의 싹을 틔우고 꽃을 피우고 열매를 맺는다면, 그것이 최고의 복이 아닐까요? 그러니까 하나님께서 만드신 모양대로 자신에게 주신 독특한 아름다움이 살아 숨쉬는 바로 그 삶을 사세요. 우리는 누구나 하나님께 특별한 존재입니다."

그런데 다음세대는 자기 세대가 불행하다고 생각하기도 해요. 그래서 저는 다음세대가 행복에 대한 관점을 바꾸면 좋겠어요. 행복은 내 안에 있는 것이 아니고 하나님 안에서 나를 발견할 때 주어지는 것이기에, 저는 다음세대에게 또 이렇게 말해주고 싶어요.

"행복은 하나님 안에서 자기 자신이 누구인지 발견하고 하나님이 주신 꿈을 향해 살아갈 때 주어지는 선물이기에, 행복해지고 싶다면 먼저 하나님을 알고 하나님을 사랑하세요. 그러면 행복은 자연스럽게 주어질 것이고, 나만 행복해지는 것이 아니라 주변을 행복하게 만드는 축복의 사람으로 세워지기 때문이에요. 세상이 말하는 성공을 거두는 것이 삶을 행복하게 해주지 않아요. 그러므로 행복을 구하기보다 하나님을 알고 사랑하기를 더욱 구해보세요. 분명 이전보다 더 행복해질 거예요."

제게 교회는 어려서부터 꿈을 꾸고 꿈을 나누는 곳이에요. 저는 부끄럽지만 고등학교를 졸업하고도 꿈이 없이 살았어요.

그런데 청년부에 들어가니까 꿈을 말하고 나누는 시간이 많았어요. 놀랍게도 하나님이 주신 꿈을 계속 이야기하게 되면서 삶의 초점이 점점 바뀌었어요. 꿈을 이야기하고 꿈을 향해 노력하다 보니 교회는 꿈동산처럼 변했어요. 그때부터 교회 가는 것이 너무 신나고 행복해졌어요. 세상이 말하는 성공이 아니라 하나님이 주신 꿈을 꾸고 그 꿈을 말하니까 더 열심히 공부하게 되었어요. 공부도 주께 하듯 열심히 진심으로 하니까 성적에도 엄청난 변화가 일어났어요. 누가 시켜서 하는 공부가 아니라 하나님이 주신 꿈을 위한 공부를 하니까 공부하는 시간이 지옥이 아니라 천국처럼 바뀌었기 때문이었어요. 물론 성적이 팍팍 올라가는 경험도 했지요. 가장 행복했던 경험은, 교회에서 서로가 서로의 꿈을 응원하고 기도해주면서 함께 공부하니까 경쟁자가 아니라 서로의 꿈을 응원하는 격려자가 되는 것이었어요. 저는 제가 했던 이런 경험을 다음세대도 하면 좋겠어요.

이런 기대와 다르게, 오늘날 교회가 세상을 점점 닮아가고 있음은 안타까운 일이에요. 우리에게 정말 필요한 것은 세상과 다른 하나님이 주신 꿈을 꾸고 그 꿈을 향해 함께 달려가는 삶이 아닐까요? 우리의 가슴을 뛰게 하는 삶은 성공이 아니라 하나님이 주신 꿈을 향해 살아가는 것이 아닐까요? 성공보다 소중한 것은 성경을 따라 살아가려고 씨름하는 삶이고, 그 안에서 각자에게 주신 꿈을 추구하는 것임을 잊지 마세요.

다섯째 제안 :
일상에서 하나님과 동행하기를 가르치세요

다음세대를 교회 안에 가두는 것이 아니라
교회 밖에서도 하나님과 동행하게 섬겨요!

다음세대가 성인이 되면서 교회를 떠나는 이유는 하나님의 임재를 경험하지 못했기 때문이에요. 쉬운 말로 하나님을 제대로 만나지 못한 것이지요. 일주일에 1번, 1시간의 예배로 하나님을 만나고 영적 성장이 일어나기가 쉽지 않지요. 우리가 대부분의 시간을 보내는 곳이 일상이기 때문이에요. 그래서 다음세대가 단지 교회 안에서만 경건을 추구하는 것이 아니라 일상에서 하나님과 동행하도록 이끌어야 해요.

교회마다 다음세대가 하나님과 동행하도록 가르치기 위해, 다음세대 사역에 특히 프로그램이 많지요. 그런데 교회에서도 재미있는 프로그램은 주로 방송의 예능을 패러디하는 것이 대부분이에요. 예능을 흉내내는 것으로 다음세대를 붙들어두려고 애쓰는 노력이긴 하지만, 사실 역부족일 때가 많아요.

우리는 예능 흉내를 내기보다 "다음세대가 왜 교회에 나올까?"라는 질문을 먼저 던져야 해요. 다음세대가 재미를 맛보기 위해 교회 올까요? 물론 재미는 필요해요. 뻔한 공동체보다 펀(Fun)한 공동체가 좋을 거예요. 하지만 가장 좋은 공동체는 하나님의 임재를 경험하는 공동체임을 잊지 말아야 해요. 그런데도 의외로 많은 사역자들이 재미의 포로가 되어 있어요. 설교도 웃기려 하고 프로그램도 웃기려 하고, 수련회 가서도 웃기려 해요. 하지만 예능에 중독된 세대들이 교회에 기대하는 것이 과연 예능 패러디가 전부일까요? 저는 단호히 말하거니와, 그건 아니라고 봅니다.

다음세대도 정말 하나님을 알고 싶어서 교회에 와요. 간혹 어떤 아이는 친구들이 썰물처럼 빠져나간 교회에 혼자 남아 있곤 하는데, 다음세대가 그나마 그렇게 교회에 버티고 앉아 있는 것은 마음속에 하나님을 향한 갈망이 있기 때문이에요. 그러므로 초월적인 하나님을 경험하는 자리인 예배에 사역자의 더 깊은 고민이 필요해요. 다음세대의 예배니까, 예컨대 주일학교 예배니까 그냥 가볍게 생각할 것이 아니라 더 깊이 있게 준비해야 해요.

다음세대가 드리는 예배가 형식적인 내용에 머무는 것이 아니라, 예배에서 하나님의 임재를 풍성하게 경험하도록 하려면 설교에 더 심혈을 기울일 필요가 있어요. 다음세대를 위해 말씀을 선포하는 강단의 설교가 잡담, 사담, 농담으로 채워지지 말아야 해요. 다음세대도 말씀을 통해 하나님을 알고, 말씀을 통해 하나님을 경험하고, 말씀을 통해 믿음의 뿌리를 내려요.

특히 설교에서는 다음세대가 살아가는 상황과 하나님의 말씀 사이를 연결하는 것이 필요해요. 다음세대가 예배자로서 살아가야 하는 시공간은 거룩한 예배당이 아니라, 고통의 문제들과 싸워야 할, 구부러지고 어그러진 세상 속이에요. 하지만 혼자 힘으로 세상의 유혹과 시험을 이기기 어려워요. 이런 상황에서 설교자는 더 철저하게 설교를 준비해야 해요. 말씀 속에 다음세대의 고민, 고뇌, 고통이 담겨 있어야 해요. 그래서 말씀을 현실 세계와 연결하고, 말씀과 시대가 만나게 하고, 말씀과 다음세대 삶의 고단한 자리가 서로 만날 수 있게 해야 하는 것이죠. 다음세대가 그런 예배의 자리를 사모하고 있다는 사실을 꼭 기억하세요.

그러니, 예배를 쇼로 전락시키지 말아야 합니다. 그러자면 무엇보다 사역자가 먼저 하나님의 임재 가운데 살아가는 예배자가 되어야 해요. 그보다 더 우선적인 예배 사역은 없어요. 사역자에게 이 준비가 없으면 다음세대를 위한 사역은 없어요.

사역자도 설교자이기 이전에 예배자여야 합니다. 예배자로서의 사역자는 다음세대를 하나님 앞에 세우는 예배에 집중하면서, 동시에 교회 안에서만 경건을 추구하는 것이 아니라 일상과 일터에서 하나님과 동행하도록 이끌어주어야 해요. 그래서 다음세대가 일상의 예배자가 되고 삶의 예배자가 되게 해야합니다. 그러자면 사역자가 학교와 학원으로 찾아가는 현장의 양육과 훈련도 필요해요. SNS가 발달할수록 온라인만이 아닌 오프라인의 만남이 소중해져요. 만나서 함께 먹고 마시는 가운데 건강한 공동체를 세워갈 수 있어요. 설교는 강단에서만 하는 것이 아니라 개개인과 그룹으로 만나서 삶으로 가르치는 거예요. 진짜 설교는 이렇게 강단 아래에서 시작됩니다.

그러면 어떻게 하면 다음세대가 세상 속의 예배자가 되어 세상을 이기도록 도울 수 있을까요? 그 방법은 그들이 믿음으로 살게 하는 것이라고 저는 생각합니다. 세상의 시대 풍조는 모두 자기 자신만을 위해 살아가려는 모습이 강해요. 그런 세상에서 승리하는 비결은 세상과 같은 방법으로 사는 것이 아니라 성경의 선진들처럼 믿음을 따라 살아가는 것이에요.

믿음이란 하나님이 계신 것과 하나님께서 자기를 찾는 이들에게 상 주시는 분이심을 아는 거예요. 그 믿음은 하나님을 믿고 의지하면서 세상을 살아가도록 우리를 도와주지요. 그런데 많은 이들이 말로는 믿음으로 산다고 하면서 세상의 좋은 것이나 세상의 잘난 것으로 살아가려고 해요. 그래서 대학 입시를 위해서 입시 시즌이 되면 청소년들이 예배를 떠나곤 해요. 대학에 들어가고 나서 예배들 드린다고 말하지요. 하지만 그 자체가 불행임을 알아야 해요. 우선순위와 중요순위가 바뀐 것이고 대학이 우상이 되어버렸으니까요. 하나님을 만난 사람은 그렇게 살아갈 수 없어요. 하나님이 삶의 중심부에 자리하고 하나님께 예배하는 삶이 우선순위에 자리하기에 하나님을 떠나 살 수 없어요.

적용 : 예배를 우선순위에 두기

정말로 다음세대를 돕는 것은 다음세대의 최우선순위가 예배자가 되도록 하는 것입니다. 우선순위를 바로 잡아야 해요. 유대인들은 오전에는 항상 성경과 탈무드를 공부해요. 성경이 하루 중에서 가장 중요한 우선순위에 자리잡도록 하는 것이죠. 그런 다음 오후에는 일반 세상의 학문을 공부해요. 그 이유가 뭘까요? 하나님 중심의 우선순위와 중요순위를 선명하게 하는 거예요. 하나님 말씀을 먼저 배움으로써 그 외의 모든 것을 말씀으로 풀어가고 해석하는 힘을 키우는 것이지요. 그렇게 자란 이들이 고학년이 될수록 더 좋은 학습자가 되고 각 영역에서 탁월한 능력을 발휘하는 것을 볼 수 있어요. 이것이 유대인의 교육방법이에요.

만일 다음세대를 세상을 이기는 사람으로 키워가고 싶다면 사역자부터 그 삶의 중심부에 성경을 읽고 큐티를 하는 시간을 최우선순위에 두기로 작정해야 해요. 그 시간은 절대로 손해 보는 것이 아니라, 오히려 나를 가장 아름답고 건강한 모습으로 세워주는 시간이에요.

기도하고 성경을 읽고 묵상하는 시간을 삶의 중심부에 세운 사람은 실수는 있어도 실패는 없어요. 하나님의 도움을 경험하고 하나님의 손이 그들의 삶을 빚어가시기 때문이지요. 그러면 모든 것이 합력해서 선을 이룹니다.

그러니 말씀 중심의 삶을 소중하게 생각하고 하나님의 임재가 사라지는 삶을 가장 두려워하세요. 하나님의 임재는 예배 가운데 나타나기에, 무엇보다 예배를 대충 드리지 말고 잘 준비해서 드려야 해요. 부모님의 잔소리 때문에 드리는 예배나 억지로 앉아 있는 예배는 아무 의미가 없어요. 스스로 하나님을 간절히 찾고 구하고 두드리는 예배자를 하나님은 찾고 계세요. 다음세대 한 사람 한 사람이 하나님이 찾으시는 바로 그 예배자가 되기를 바랍니다.

여섯째 제안 :
아이들도 소그룹에 들어가게 하세요

무리 속에 숨지 말고
친밀한 사귐이 있는 소그룹에 들어가세요!

우리 시대는 점점 관계성이 약해집니다. SNS가 발달할수록 익명성 속으로 숨어버리지요. 그런데 하나님께서 사람을 만드실 때 공동체로 살도록 창조하셨어요. 혼자가 아닌 더불어 살도록 창조하신 거예요. 그래서 우리 모두에게는 가족이 필요한 것처럼 소그룹이 필요해요. 소그룹은 말씀과 기도와 영적 교제가 있는 곳이고 관계성을 세워가는 곳이기에, 저는 소그룹 운동은 선택이 아닌 필수라고 생각해요. 특히 다음세대를 무리가 아닌 제자로 삼는 과정에서 소그룹이 다음세대 영적 운동력의 허브 (hub)가 되게 해야 해요. 사람은 나이에 관계없이 친밀한 관계가 필요하니까요. 사역자는 다음세대가 소그룹에서 삶을 공유하고 공감하고 소통하는 가운데 성령의 역사하심을 경험하도록 이끌어주어야 하고요.

대그룹예배를 통해 하나님의 임재를 경험하게 한다면, 소그룹의 역동성을 통해서는 우리 안에서 역사하시는 성령님의 감동, 감화, 감격이 공동체에서 구체적으로 드러나요. 그래서 교회는 소그룹 단위가 영적 운동력의 핵심이 되게 해야 해요. 소그룹으로 모여야 삶을 공유하고, 공감하고 소통하는 가운데 공동체는 건강하게 빚어지고 성장하기 때문이지요. 이런 사실을 기억하면서, 진실한 나눔이 있는 공동체로서 소그룹의 역동성을 경험하도록 노력해야 합니다.

소그룹은 말씀운동, 기도운동, 섬김운동이 유기적으로 일어나고 연결되는 장소예요. 이런 소그룹이 활성화되려면 무엇보다 소그룹 리더(또는 교사)를 잘 양육해야 해요. 잘 훈련된 리더(교사)의 건강한 성장과 성숙이 다음세대 공동체를 세워가는 역량이기 때문이에요.

우선 리더(교사) 모임을 통해 리더들부터 소그룹 공동체를 경험하는 것이 필요해요. 다음세대 사역자가 리더 훈련을 진행할 수 있어야 하고, 리더 모임에 더 심혈을 기울여야 하는 것이죠. 리더들이 먼저 소그룹의 역동성을 경험하지 않으면 공동체는 소모성 공동체와 소비성 공동체로 전락해요. 소비성 공동체는 아무런 영향력이 없어요. 언제든지 흩어질 수 있어요. 그러나 진정한 소그룹을 경험하면 서로가 서로를 섬기는 변화가 일어나요. 특히 다음세대는 대부분 집에서 형제자매 없이 혼자인 경우가 대부분이어서 교회에서 소그룹의 역동성을 경험하고 공동체에서 섬김을 배우는 것이 꼭 필요해요. 다음세대가 건강한 소그룹을 통해서 말씀과 기도의 기초 위에 든든하게 세워지면 어떤 상황에서도 영적 운동력을 가질 수 있을 거예요.

적용 : 소그룹에 적극적으로 참여하도록 돕기

제가 소그룹의 중요성을 경험한 것은 고등학교 때인 것 같아요. 저는 부끄러움과 수줍음이 많아요. 그래서 교회를 다닐 때 분반공부가 무척 힘들어서 예배만 드리고 도망가는 경우가 종종 있었어요. 하지만 예배만 드리고 가니까 신앙이 성장하지 않았어요. 혼자 신앙생활을 하니까 하나님을 알고 싶어도 점점 하나님과 멀어져가는 것을 경험했어요. 대그룹 예배만으로는 성장과 성숙이라는 변화가 일어나지 않는다는 것을 깨달은 것이지요. 그때부터 소그룹에 적극적으로 참여하기 시작했어요.

처음에는 그 시간이 무척 낯설고 힘들었지요. 다행히 감사하게도 제가 들어간 소그룹엔 생명력이 있었어요. 진실하게 자신의 삶을 나누고, 하나님의 말씀을 나누고, 개인적인 기도제목을 구체적으로 나누는 나눔을 단순하게 반복하는 가운데 어느 순간부터 성령님이 함께 하신다는 경험을 하게 되었어요. 우리가 서로 나눌 때 성령님은 우리를 감동시키시고 하나로 묶어주시기 때문이에요. 함께 기도할 때, 기도 응답을 통해 하나님을 함께 경험하도록 도와주셔요. 이런 공동체가 있었기에 저는 삶의 변화를 경험할 수 있었어요.

안타깝게도 오늘 교회학교 현장의 분반공부나 청년 공동체에서 이렇게 소중한 소그룹 모임이 사라지고 있어요. 그냥 잠시 출석 확인만 하고 드라마나 영화 이야기나 하다가 끝나버려요. 하나님의 말씀에 대한 진지한 가르침과 배움도 부족하지만, 서로 간절히 기도하는 시간까지 사라지니까 기도 응답을 통해 하나님을 경험하는 일도 사라져가요. 그러다보니 요즘 다음세대 사역 현장에서 하나님의 말씀에 대해 확신이 없을 뿐 아니라, 기도하면 응답하신다는 확신도 없는 것 같아 너무나 안타까워요. 이런 현상이 왜 나타날까요? 아마도 다음세대가 성경공부와 기도를 하자고 하면 재미없다고 싫어하지 않을까 지레 염려하기 때문은 아닐까요?

그러나 다시 강조하지만, 다음세대가 교회에 오는 이유는 재미가 아니에요. 하나님의 임재를 경험하고 싶기 때문임을 반드시 기억하면 좋겠어요. 아마 재미만을 원한다면 집에서 TV나

스마트폰으로 게임을 하거나 코미디나 예능 프로그램을 볼 거예요. 십대가 교회에 나오는 것은 그래도 하나님을 만나고 하나님의 임재를 경험하고 싶기 때문임을 잊지 말아주세요.

다음세대가 어찌하든지 말씀과 기도 가운데 하나님의 임재를 경험하기 시작하면 그것을 대신할 수 있는 것은 아무것도 없어요. 모든 사역자, 선생님, 리더, 말씀을 가르치는 분들이 이걸 꼭 기억하기를 바랍니다.

일곱째 제안 :
아이들도 선교적 공동체가 되어야 해요

사명감을 가지고 잃어버린 영혼을 찾아가는
선교적 공동체가 필요해요!

다음세대 사역자들이 결코 포기하지 말아야 하는 가치가 있다면, 그것은 잃어버린 영혼을 찾아 구원하는 일이에요. 어떤 사역이나 프로그램도 영혼 구원보다 우선되는 가치가 되어선 안 되지요.

그런 점에서 다음세대 공동체가 교회 안에서만 갇혀서 내부 모임만 추구하는 소비적 공동체에 머문다면 위험해요. 우리 시대는 교회 공동체의 방향을 선교적 공동체로 전환하는 것이 필요해요. 특히 다음세대를 복음화하려면 모든 것을 선교적 관점에서 해석하고 적용해야 해요. 다음세대는 복음화율이 아주 낮기 때문이에요. 그들은 점점 교회 문화가 아닌 세상 문화의 지배를 받고 있어요.

지금까지 교회 중심적으로 생각했다면 이제는 바꾸어야 해요. 어찌하든지 현장 중심으로 생각하고, 어떤 상황에서도 영혼구원을 향한 열정을 가진 선교적 공동체를 세워가는 것이 다음세대 사역의 미래를 여는 핵심 역량이 되고 있어요.

다음세대의 사역 현장은 사실상 이미 선교적 상황으로 바뀌었어요. 선교적 상황이란 그냥 예수 믿고 교회 오라고 말만 한다고 교회에 오지 않는 상황을 말해요. 교회가 세상 현장으로 나가야 하는 상황이란 뜻이죠.

무엇보다 기독교는 이제 사회에서 다수가 아니라는 사실을 기억해야 해요. 과거와 달리 현재는 다음세대 기독교인, 즉 예수 믿는 청소년이 매우 소수가 되어버렸어요. 복음 전파 환경도 과거에 비해 더욱 어려워졌어요. 모든 것을 선교적으로, 우리가 믿지 않는 세상에 성육신적으로 접근하지 않으면 안 되는 상황이 되었어요. 이제는 과거에 했던 전도 방법들이 통하지 않고 있어요. 노방전도만 해서는 전도가 쉽지 않아요. 북 치고 장구 치며 동네를 돌았던 기억은 어른들에게조차 잊혀진 역사 이야기로만 남아 있어요.

그러면 어떻게 해야 할까요? 노방전도가 아닌 관계전도에 주목해야 해요. 교회로 오게 되는 불신자들을 조사해보면 대부분 관계전도를 통한다는 것에 주목해야 해요. 특히 교회학교에 출석하고 있는 다음세대의 대다수는 교인들의 자녀임을 고려해야 해요. 잘해야 학교 같은 반 친구이지요. 이처럼 관계가 전도의 핵심이라면 선교의 방향도 관계전도로 바꿀 필요가 있어요. 교회의 재정과 에너지도 건강한 관계전도에 초점을 맞출 필요가 있지요.

건강한 관계전도를 세워간다는 것은 우리 자신이 먼저 변화된 제자로 세워지는 것을 의미해요. 우리가 변화된 삶을 살아가지 않고서 복음만 외치면 메아리로 되돌아올 뿐이지만, 우리가 변화된 삶을 살아간다면 틀림없이 불신자들이 그 이유를 질문하게 되고, 결국 우리가 변화된 이유가 모두 복음에 있음을 발견하게 되리라 생각해요.

선교적 공동체로서 영혼을 구원하는 공동체가 되고자 한다면 전도와 더불어 공동체의 영적 토양이 중요해요. 기억해야 하는 것은 불신자가 전도를 통해 교회에 왔을 때, 그 교회가 어떤 공동체냐에 따라 마음을 닫아버리게 할 수 있고 열리게 할 수도 있다는 것이에요. 공동체의 토양이 길가, 돌짝밭, 가시덤불 같다면 불신자의 마음이 전혀 열리지 않을 것이고, 오히려 소외감을 느낄 거예요. 그러나 옥토와 같이 공동체의 영적 토양이 건강하고 따뜻하다면 좋은 열매를 맺을 거예요. 그런 면에서 전도의 열매를 얻기 위해 결국 공동체의 건강이 중요하지요. 건강한 공동체는 좋은 땅과 같아서, 뿌려진 씨앗들이 잘 자라고 열매를 맺게 한다는 것을 기억해야 해요. 그런 까닭에 전도에 집중하는 것 이전에 공동체의 건강성에 먼저 집중하는 것이 필요해요. 이것이 선교적 공동체가 되는 기본이에요.

결국 전도는 하나의 프로그램이 아닌 유기적 사역의 결과라고 보아야 합니다. 공동체가 전체적으로 건강하면 전도는 쉽게 이루어지고, 공동체가 병들어 있다면 혹여 전도가 되어 누군가 교회에 온다고 해도 적응하지 못하고 떠나게 될 거예요. 특히 다음세대는 자신들과 관계있는 이들을 초대했을 때 환대를 받으며 잘 정착해서 성장할 것이라는 확신을 가지면 실제로 전도를 하게 됩니다.

이제 우리는 전도에만 초점을 두고 공동체의 토양에 초점을 두지 못했던 과거의 잘못을 되풀이 하지 않도록, 각 지체를 그리스도의 제자로 세워가는 씨름을 강력하게 할 필요가 있어요. 또한 이 시대의 교회는 선교적 공동체를 세워가는 것에 우선적으로 가치를 둘 필요가 있지요.

선교적 삶, 선교적 공동체라고 말하니 너무 거창한가요? 뭔가 부담이 되나요? 어렵지 않아요. 쉽게 표현하면 예수님을 믿는 것을 교회 안에서만 아니라 삶의 현장에서 드러내는 것이고, 그런 지체들이 모인 공동체가 선교적 공동체라고 생각하면 됩니다.

우리 주변에는 의외로 교회에 대해 잘못 알고 있는 이들이 많아요. 세상은 교회가 '이기적이고 나쁘다'라고 인식하고 있어요. 그런 세상을 향해서 교회는 좋은 곳이라고 말로만 해서는 아무 효과가 없어요. 그리스도인으로서 진실하게 살아가는 삶을 보여주는 것이 정말 필요해요.

그리스도인은 성경을 읽지만 세상은 그리스도인의 삶을 읽는다는 말이 있는데, 정확한 표현이라고 생각해요. 그래서 성경은 우리를 '그리스도의 편지'라고 하지요. 그러므로 세상이 우리를 통해서 그리스도께서 세상을 향해 어떤 마음을 품으셨고 어떤 생각을 하시는지 알 수 있어야 해요. 결국 우리의 삶을 통해 읽혀지는 것, 바로 우리 삶이 메시지가 되는 셈이죠. 그만큼 우리가 삶으로 말해야 되는 시대를 살아가고 있어요. 교회가 그리스도의 좋은 편지로서 존재할 때 사람들이 교회를 찾아오게 되는데, 그 이유는 교회가 세상과 다르기 때문이에요.

이제 세상은 전도지를 많이 뿌린다고 감동 받지 않아요. 쓰레기 취급을 당할 뿐인 경우가 허다해요. 그러다보니 전도지를 전하는 일이 점점 위축되고 있어요. 그런 현상을 보면서 이 시대는 삶이 더 필요하고 중요하다는 생각을 다시 하곤 해요.

어떤 의미에서 우리 시대의 전도는 무조건 전도지를 나누어주는 방식이 아니라 예수님을 구체적으로 생각하게 만드는 여러 가지 삶의 방식일 거예요. 그러니 다음세대에게도 일상에서 선교적 삶을 살아가도록 얼마든지 도전하세요. 학교와 일터에서 선교적 삶을 살라고 강조해야 하는 거예요.

만일 우리가 세상 속에서 소금과 빛으로 존재하는지 치열하게 질문하면서 그렇게 살아가려고 노력한다면, 여전히 교회는 매력적인 곳이 아닐까요? 세상 그 어디에도 찾아보기 힘든 교회만의 아름다움은 맛을 잃은 곳에서 맛을 내고 어둠이 있는 곳에 빛을 비추는 것이 아닐까요? 그렇다면 교회가 크고 거창한 행사를 개최하기보다 삶의 자리에서 어떤 모습으로 꽃을 피워가야 할지를 먼저 고민했으면 해요. 진정한 교회는 그 자체로 충분히 아름다우니까요.

적용 : 동네 청소 봉사부터 해보기

저는 다음세대를 섬길 때마다 어떻게 하면 하나님을 기쁘시게 할까 하는 고민을 살짝 바꾸어서, 어떻게 하면 세상을 품고 세상을 섬기며 세상을 변화시키는 공동체를 세울 수 있을까를 질문하곤 했어요. 그 질문에 대한 답을 구체적인 실천으로 연결하곤 했지요. 어린이들과 함께 동네 청소를 했고, 청소년들과 함께 건강한 문화 만들기를 위해 동네 콘서트를 열기도 했고, 청년들과 함께 보육원, 장애인 시설, 독거노인, 노인요양원을 찾아가 봉사와 섬김을 묵묵히 감당하곤 했어요. 성경만 가르치는 것이 아니라, 성경 말씀을 삶에 연결하고 적용하고 실천하도록 한 것이지요.

놀라운 것은, 성경공부의 적용을 삶의 자리에서 살아가는 것으로 연결하자 한 명 한 명이 건강하고 성숙한 신앙인으로 서서히 변화되고 영적으로 성장하는 것을 보았어요. 그 과정에서 머리가 아닌 삶으로 배운 영적 지식이 열매를 맺는 것임을 깨달았어요. 그래서 많은 지식이 사람을 변화시키는 것이 아니라 삶의 구체적인 자리에서 말씀이 연결되고 적용되는 것이 중요하다는 것도 배웠어요. 결국 선교적 공동체란 우리 자신이 메시지가 되는 공동체일 것이고 그런 공동체가 있다면 하나님은 반드시 축복의 통로로 사용하실 거라고 확신해요.

여덟째 제안 :
섬김을 실천하는 공적 신앙을 가르쳐요

구원 그 이후에 섬김으로 세상을 변화시키는
공적(公的) 신앙으로 나아가요!

우리는 예수를 믿는 이유가 뭐냐고 질문 받으면 "천국 가려고요"라고 대답하곤 해요. 맞아요. 백 퍼센트 공감해요. 그런데 그뿐인가요? 예수님을 믿는 이유가 이 땅에서 예수님을 믿고 죽어서 천국 가는 것이 과연 전부일까요? 그것에 대해 우리는 아니라고 말할 수 있어야 해요. 만약 예수님을 믿는 이유가 딱 하나 천국 가는 것이라고 한다면, 아마 예수님을 믿는 바로 그 순간 전부 천국으로 보내셨을지 몰라요. 그러나 하나님은 그렇게 하지 않으셨어요. 하나님은 우리가 예수님을 믿는 목적으로 천국 가는 개인 구원에만 초점을 맞추기보다 항상 제자의 삶으로 초대하셔요.

예수님을 주요 그리스도로 믿고 하나님의 아들로 믿는 이들에게 천국 소망은 사실 중요하지요. 그런데 진짜 천국 소망을 가진 이들을 보면 이 땅에서의 삶을 천국의 유업을 받을 상속자답게 살아가요. 예수님을 믿고 예수님의 제자가 된 모든 이들은 이기적인 삶이 아니라 이타적인 삶을 살면서, 세상을 좀 더 아름답고 건강한 곳으로 만드는 일을 위해 축복의 통로가 되어 살아가지요. 예수님을 믿는다는 것은 단지 개인 구원에 끝나지 않고 구원받은 삶으로 연결되는 것이니까요.

그러므로 건강한 신앙은 개인 구원에서 멈추지 않아요. 반드시 공적 신앙으로 확대되고 확산됩니다. 그러한 토대 위에서 공교회성(公敎會性)이 견고하게 뿌리 내려요. 그런데 한국교회는 개인 구원은 강조하면서 세상을 향한 공적 신앙을 강조하지 못해 한 쪽 날개를 잃어버렸어요. 그래서 이 시대의 다음세대 사역은 복음을 말뿐 아니라 삶으로 보여주어야 하는 환경에 이미 접어들고 있어요.

공적 신앙이란 선명한 그리스도인의 정체성에서 나오는 탁월한 도덕성과 하나님의 나라를 일상에서 삶으로 보여주는 거예요. 보지 않고는 믿지 않으려는 세대를 향해 그리스도의 편지로 읽혀져야 하는 것이죠. 그것이 어쩌면 최고의 선교일 거예요. 그런 의미에서, '개독교'라고 외치는 안티기독교인들의 외침을 부끄럽게 하는 방법은 말이 아닌 삶에 있어요. 세상의 소금과 빛으로 존재하는 공적 공동체, 그리스도의 향기로 퍼지는 공동체는 그래서 영향력이 있어요. 그런 공동체라면 누룩과 겨자씨같이 세상을 바꾸는 생명력을 가진 공동체가 될 거예요.

다음세대 공동체가 이와 같은 공적 신앙을 배우고 자라가려면 우선 다음세대에게 직업과 소명에 대해 가르칠 필요가 있습니다. 이제까지 한국교회는 다음세대를 교회에 가두고 교회 안에만 머물도록 했어요. 그러나 이후로는 신앙의 차원을 세상으로 확장시켜야 해요.

다음세대를 공적 신앙인으로 세우기 원한다면 일상과 일터에서 그리스도인으로서 살아가도록 돕는 작업이 우선 필요해요. 교회 속의 그리스도인이 아니라 세상 속의 그리스도인으로서 정체성을 심어주어야 하는 것이지요. 신앙이 드러나야 할 자리가 물론 교회이기도 하지만, 삶의 대부분의 시간을 보내는 자리는 일상이니까요. 그래서 무엇보다 긴급한 것은 다음세대가 학교에서 성경적 가치를 붙들고 씨름하도록 양육하고 훈련

해야 해요. 청년에게는 교회 일이 중요한 만큼 세상 일을 중요하게 생각하도록 가르쳐야 해요. 하나님께 영광을 돌리기 위해 교회 일을 하듯, 공부를 비롯한 세상 일을 주께 하듯 하도록 가르쳐 지키게 해야 하는 것이죠.

이제는 다음세대가 이전 세대처럼 개인 구원 신앙 수준에 머물도록 가르쳐서는 안 됩니다. 구원 개념의 깊이와 높이와 넓이를 확장시켜서 세상을 섬김으로 변화시키는 공적 신앙까지 가지도록 가르쳐야 하는 것이죠. 이것이 신앙인으로서 사회적 도덕성을 높이고 영적 성숙의 차원을 공적으로 바꾸는 작업이에요. 그런 교회 공동체는 각 영역에서 성경적 가치관을 훈련받은 지도자들을 키워내는 이 시대의 아둘람 굴 같은 인재 배출소가 될 거예요. 그러면 기독교를 향한 돌팔매질이 많이 사라질 거예요.

적용 : 학교 일도 교회 일처럼 하기

언젠가 제가 학교 회장과 교회의 리더 자리를 두고 선택의 고민을 하는 학생과 상담한 적이 있어요. 저는 그에게 학교 일과 교회 일을 분리할 필요가 없고, 학교 일이 세상을 섬기는 가치 있고 의미 있는 일이라면 모두 하나님의 일이니 하고 싶은 일을 하라고 했어요.

우리는 교회와 관련된 일은 하나님의 거룩한 일이고 세상과 관련된 일은 하나님 일이 아닌 세상 일이고 거룩하지 않다고 생각하는 경우가 많아요. 하지만 모든 선한 일은 하나님의 일이고, 교회 일이라 할지라도 선하지 않으면 하나님의 거룩한 일도 아니라는 것을 기억할 필요가 있어요. 그런 인위적 구분 대신에 이제는 하나님의 관점에서 보아야 해요. 예를 들면, 세상을 아름답게 만드는 일이라면 하나님의 일이고 세상을 혼란스럽게 만드는 일이라면 하나님의 일이 아니에요. 그러니 교회에서 학생회장을 하는 것도 학교에서 학생회장을 하는 것도 모두 하나님을 사랑하는 마음으로 하세요. 그럴 때 모든 것이 하나님의 일이 될 수 있음을 기억하세요. 특히 나 자신과 세상을 기준으로 삼지 말고 늘 성경에 기준을 두어야 더욱 아름답게 쓰임 받는 축복의 사람이 될 거예요.

아홉째 제안 :
그리스도의 몸이라는 지체의식을 가져요

혼자가 아닌 그리스도의 몸에 연결된 지체가 되게 해야 합니다.
21세기의 특징은 연결하는 것이라고 볼 수 있어요. 특히 교회 내부에서 어린이, 청소년, 청년, 장년, 노년을 유기적으로 연결하는 것이 필요해요. 세대를 지나치게 분리하고 단절할수록 신앙 유산을 상속하는 것이 어려워져요. 세대 간의 연결고리가 사라질수록 신앙 유산은 상속되지 않아요. 그러니 서로 연결해야 해요.

교회 외부에서는 이웃, 민족, 역사와 복음을 연결하는 것이 필요해요. 세상의 필요와 하나님의 필요를 다음세대 양육과 연결하기도 해야 해요. 세상에서 고난 받고 고통 받는 현장을 다음세대 사역과 연결하기도 해야 해요. 이것은 하나님의 은혜와 세상의 필요를 연결하는 사역입니다. 그런 까닭에 다음세대 사역자들에게 주어진 책임은 다음세대를 혼자가 아닌 공동체로서 살아가도록 신앙과 삶을 구체적으로 연결하는 것이지요.

교회는 태생적으로 공동체적이에요. 성부, 성자, 성령께서 공동체적으로 일하셨어요. 혼자만 살고 혼자만 살찌우려고 하는 세포는 암세포에요. 건강한 세포는 지체를 소중히 여기면서 서로 연결되어야 해요. 더구나 우리 시대는 독불장군처럼 혼자 일하기보다 네트워크를 통해서 공동체적으로 일해야 하지요.

마찬가지로 다음세대 사역이 교회 안에서 건강해지려면 교회 어른들과도 연결되어야 해요. 아울러 세상하고도 연결되어야 하고요. 나아가 민족과 열방에까지 연결되어야 해요. 시대적 과제와 연결되기도 해야 하고요. 이렇게 브리지(다리) 역할을 하는 공동체가 건강해요. 그런 까닭에 다음세대가 신앙을 모든 것과 연결하여 풀어가도록 훈련시켜야 합니다.

신앙과 삶을 연결할 때 놓치지 말아야 하는 것은 통합적이고 통전적인 영성이에요. 다음세대가 삶과 신앙을 통합하고 세대를 뛰어넘어 연결해야 통전적인 공동체가 될 수 있기 때문이에요. 다음세대를 단순히 어리다고 보지 말고 이렇게 그들을 보는 패러다임을 전환해야 하는 거예요.

그런데 많은 교회들이 세대를 지나치게 조각처럼 나눠 교육하고 있어요. 영유아부, 유치부, 유년부, 소년부, 중등부, 고등부, 대학부, 청년부로 이어지는 과정에서 신앙을 떠나기도 해요. 어릴 때는 부모를 따라 억지로 교회를 다니다가, 자기 생각이 점점 커지면서 예수님을 인격적으로 만나기도 전에 교회에 대해 실망하고 상처받고 떠나는 경우도 많아요.

게다가 대개 각 가정마다 자녀가 1,2명밖에 없는데, 그마저도 주일이면 서로 흩어져 지내다보니 신앙 상속이 잘 이루어지지 않는 경우가 많아요. 세대 차이가 있다 보니 서로 이해하고 용납하기보다 작은 차이에도 민감하게 반응하곤 하고요. 심지어 다름을 틀림으로 해석하는 일이 생기곤 해요. 다양성을 존중해야 할 때도 오히려 틀리다고 생각하기에, 서로를 품지 못하고 편 가르기하고 적대적으로 대하기도 하지요. 시대는 다양성 속의 일치를 중요시하는데, 교회는 반대로 가고 있지 않나 반성하게 돼요.

그래서 교회는 다양성 속의 일치를 추구하는 가족 공동체를 회복해야 해요. 부모세대를 넘어서 조부모세대까지 서로 공감하고 소통하려면 공동체의식의 회복이 참으로 필요하죠. 진정한 공동체는 다름을 존중하고, 서로 다르기에 서로를 책임지고 상호보완을 해야 하는 것이니까요. 그런 점에서, 어린이, 청소년, 청년도 어른들과 함께 새벽기도회와 부흥회와 금요기도회에 참여한다면 어떨까요? 그러면 서로 연결된 유기체로서 더욱 건강한 공동체적 존재로 세워지리라고 봐요.

적용 : 어른들과 함께 예배 드리기

저는 고등학교 때부터 교회를 다녔어요. 가족 가운데에서 가장 먼저 예수님을 믿었기에 신앙생활 하기에 어려움이 있었어요. 그때 가장 힘이 된 것은 교회 어른들과 함께 예배드리고 교제한 것이었어요. 어른들과 더불어 찬양하고 말씀을 듣고 기도하면서, 하나님의 말씀에는 세대차이가 없다는 것을 경험했지요.

우선 각 가정에서 일주일에 1번 이상 가정예배를 드릴 것을 권해요. 함께 찬양하고, 함께 말씀을 읽고 묵상하고 나누고, 서로 기도제목을 나누고 기도해주는 시간을 정기적으로 가지는 것이지요. 가정예배 시간을 통해서 부모님의 어려움과 삶을 이해하고, 부모님은 자녀들의 마음을 읽고 이해할 수 있을 거예요. 신앙은 세대차이가 없기 때문에 세대를 넘어서서 부어지는 하나님의 사랑과 은혜를 함께 경험하게 될 거예요.

다음세대가 부흥하려면 도전할 수 있어야 해요

다가오는 시대에 교회가 생존을 넘어 부흥을 경험하려면 어떻게 해야 할까요? 다음세대 공동체를 도전정신과 실험정신이 살아 있는 공동체가 되도록 이끌어주어야 하는 겁니다.

오늘 한국교회 다음세대 사역에서 정말 필요한 것이 있다면 도전정신이에요. 성경을 삶으로 실험하고 소화시키도록, 도전하며 살아가게 하는 거예요. 다음세대는 특히 그 시대와 상황 속에서 무엇이 하나님의 선하시고 기뻐하시고 온전하신 뜻인지 분별하도록 도전해봐야 해요. 그런 뒤에 하나님의 뜻을 실천해가는 강력한 추진력이 필요하지요.

그러자면 무엇보다, 다음세대는 물론 다음세대 사역자도 사역할 때 실수하고 실패할 기회를 주어야 해요. 다음세대는 이미 기성세대에 의해 통제되지 않아요. 다음세대를 담아낼 새 부대를 만드는 작업을 그들 스스로 할 수 있도록 해주어야 해요. 다음세대 사역은 기성세대를 흉내내기보다 기성세대를 뛰어넘으려는 시도가 필요하기 때문이에요. 타성에 젖어 기존 시스템에 안주하는 순간부터 정체와 쇠퇴가 진행된다는 것을 기억해야 합니다.

또한 새로운 시도를 할 때 기억할 것은 본질을 붙잡고 있는 것이에요. 본질이 복음이라면, 그 본질을 담아내는 그릇인 부대가 계속해서 새로운 세대를 담아낼 수 있도록 새로운 부대, 즉 새로운 형식을 준비해야 하지요. 내용은 변하지 않아도 형식은 끊임없이 변해야 하기에, 항상 열린 마음으로 변화에 다가가야 하는 거예요. 이때 새 포도주를 담는 새 부대를 준비하려면 실험정신이 필요하지요. 말씀을 삶으로 실험하고 공동체적으로 실험하면서 계속 새로운 우물을 파야 하기 때문이에요. 힘들어도 그 일, 도전을 계속 해야 해요.

다음세대 사역에서 이런 도전정신과 실험정신이 숨 쉬고 있다면, 청년과 다음세대는 그런 공동체를 떠나지 않을 거예요. 실수가 용납되고 실패해도 다시 일어설 수 있는 공동체가 있다면, 그러한 공동체는 세상과 비교할 수 없는 건강한 아름다움이 생생하게 살아 있는 곳일 거예요. 그런 교회는 세상이 줄 수 없는 가치와 방향을 다음세대에게 줄 수 있지요. 사람들은 어느 시대든지 그런 공동체를 찾고 그리워해요.

역사적으로 본다면 도전정신과 실험정신이 살아 있는 공동체는 초대교회였어요. 사도행전의 공동체는 도전과 실험을 연속했지요. 안주하는 공동체가 아니라 복음의 가치를 붙잡고 세상 속에서 과감하게 도전하고 실험하기를 멈추지 않았어요. 각 시대마다 생명력 넘치는 공동체에는 이렇게 동일한 도전의 특징이 있었어요. 새 포도주를 새 부대에 담으려는 도전과 실험이 있는 곳에 나타나는 성령의 강력한 역사가 공동체를 하나로 묶었고, 모든 장애물을 넘어 전진하는 공동체로 빚어지곤 했던 거예요. 그래서 어느 시대든 건강한 공동체는 말씀이라는 재료를 가지고 세상 속에서 그 시대에 맞는 방식으로 요리를 하여 세상을 먹이고 살리는 공동체로서 존재했지요.

안타까운 것은 현재 수많은 교회의 다음세대 사역 현장이 세상의 흐름에 질식하여 도전하고 실험하며 역류하는 힘을 잃어버린 것이에요. 그러나 다음세대 사역이 건강한 도전정신과 실험정신을 가진다면 다음세대 사역이야말로 허다한 문제를 가진 세상을 변화시키고 새롭게 하는 희망이 될 거예요.

한국교회의 다음세대는 신앙의 바통을 잘 전달받아 더 힘차게 달려가는 세대가 되어야 해요. 그런데 다음세대가 신앙에서 떠나서 세상 속에서 방황하고 방탕하게 보내면서 점점 다른 세대가 되어가는 것이 안타깝기만 하지요. 무엇이 문제일까요? 그건 다음세대의 문제라기보다 그들을 담은 부대의 문제인 경우가 많아요. 낡고 오래된 부대는 터지기 쉽지요.

교회 예배당에서 자유롭게 예배드리지 못한 코로나19 기간 이후에 이와 같은 일이 더 반복될 수 있을 것이고, 무엇보다 4차 산업이 혁명과 혁신으로 다가올 거예요. 이때 필요한 것은 변화의 파도를 즐기면서 변혁을 추구하는 것이라고 생각해요. SNS의 다양한 흐름을 타고 목회적 도구로 활용하는 것도 필요하고, 그 시대적 흐름을 읽고 시대의 필요를 채우면서 원초적 영성을 담아내는 새로운 시도들이 있으면 좋겠어요.

코로나19로 인하여 교회당에서 드리는 예배가 멈추어지고 많은 사람들은 혼돈과 혼란을 경험하였는데, 어쩌면 지금이 다음세대를 위한 본격적인 사역 패러다임의 전환을 고민하고 바꾸어갈 바로 그때라고 저는 생각해요.

코로나19 상황 이후에 다음세대 사역과 전도의 전쟁터는 온라인이 될 거예요. 오프라인 전도도 중요하지만, 온라인 전도에서는 새로운 패러다임이 더 중요해져요. 교회가 지금 시대를 담아내기 위하여, 인터넷 세상에서 복음과 하나님 나라의 가치를 전하는 새로운 방법에 도전해야 하는 것이죠.

현장에서는 신천지 같은 이단이 드러났지만, 온라인에는 각종 이단과 사이비가 여전히 번성하고 계속해서 퍼지고 있어요. 그래서 교회는 더 적극적으로 온라인 사역에 집중해야 합니다. 이 사역은 특히 온라인에 익숙한 청년과 다음세대가 동참하고 동역할 때 더욱 효과적일 거예요. 세상이 바뀌고 있다면 바뀌는 세상을 담아낼 기회가 모두에게 주어졌다는 것을 기억하면서, 새 포도주를 새 부대에 담아내는 작업을 두려움 없이 시도하면 좋겠어요.

새 포도주를 담을 새 부대의 기준은 성경이고, 우리는 성령의 인도하심을 받아야 해요. 과학이 발달해도 성령의 역사하심을 넘어서지 못해요. 미래의 파도는 혼란, 혼돈, 혼잡의 형태로 계속 몰려오겠지만, 성경이라는 나침반을 보면서 성령의 인도하심을 따라 파도타기를 한다면, 어쩌면 가장 창조적인 사역들이 펼쳐질 거예요. 그러니 너무 움츠러들지 마세요. 하나님이 창조주이시고 하나님이 역사의 주관자이심을 믿고, 변화의 파도를 타고 변혁을 추구해나가세요. 실수하고 실패해도 그것을 딛고 나아가세요. 어쩌면 그 길이 누군가에게는 미래로 나아가는 새로운 길이 될 거예요.

적용 : 기성세대가 다음세대의 디딤돌이 되기

요즘 유행처럼 퍼지는 말 중에 '꼰대'라는 말이 있어요. 자기 관점에서만 사고하고 모든 것을 자기 방식대로만 처리하려 하기에 도무지 말이 통하지 않는 사람을 꼰대라고 불러요. 그런 분들은 커피 중에 '라떼'를 좋아하지요. 라떼는 "나 때는 말이야"로 시작되는 훈계와 잔소리를 뜻해요. 부모세대와 선배세대의 좋은 지혜가 전수되어야 하는데, 아쉽게도 꼰대라는 선입견과 편견이 싫은 나머지 꼭 필요한 지혜도 점점 전수되지 않고 있어요.

그러면 대안은 없을까요? 대안은 무궁무진하리라 생각해요. 하나님이 창조주이시기 때문이지요. 기성세대가 먼저 하나님께 기도하고 가장 적절한 방식으로 새 부대를 만들어가는 시도를 해주면 됩니다. 기성세대는 다음세대를 위하여 걸림돌이 아니라 디딤돌이 되어주어야 하고요. 그런데 기성세대가 사사건건 간섭하고 통제하고 군림하면 새 부대를 만드는 작업은 어려워져요. 다음세대가 실수하고 실패할 기회를 주고, 자신들의 방식으로 도전하고, 실험하고, 실천하도록 배려하고 존중하고 응원을 보내면 됩니다.

저는 청년들을 믿고서, 청년들이 헌금한 재정을 청년들이 주도적으로 사용하도록 믿고 맡겨보았는데, 결과는 놀라웠어요. 스스로 재정을 관리하면서 2배가 넘는 재정(헌금)이 나오고, 청년들의 사역과 섬김과 방향성을 청년들이 스스로 선택하고 결정하면서 구제와 섬김과 선교를 향해 나아가는 것을 지켜보았어요. 그들 스스로 새 부대를 만들고 새 포도주를 담아내기 시작한 것이 어찌 그리 감사한지요. 얼마나 좋았는지 몰라요. 그러니 이제 '라떼'는 끊어주세요! 그 대신 다음세대를 믿고서 그들을 향한 아낌없는 응원과 격려의 박수를 보내주세요!

패러다임 전환보다 절실한 결론

사실 이상의 10가지 제안을 통한 패러다임의 전환보다 더 중요한 것이 있어요. 그것은 바로 말씀운동과 기도운동입니다. 다음세대를 철저하게 말씀과 기도로 깨우고 세워가야 한다는 거예요. 말씀에 기초하지 않으면 어떤 패러다임도 일시적인 프로그램이나 교회 성장의 도구로 전락할 뿐이니까요. 말씀의 본질에 기초하여 성경이 보여주는 방향을 지속적으로 찾아가는 것은 본질 중심의 사역으로 향하게 하거든요.

저는 어린이 사역, 청소년 사역, 청년대학생 사역, 장년 사역을 두루 경험해보았어요. 감사하게도 계속 부흥을 경험했는데, 그 원리는 언제나 같았어요. 어린이, 청소년, 청년, 장년은 각각 세대가 달라도 말씀과 기도에 집중할 때 영적 부흥을 경험할 수 있었고, 영적 부흥을 경험하면 그 열매는 반드시 삶의 변화로 이어졌다는 거예요.

사역할 때마다 세대별로 맞춤식 섬김이 필요하지만, 기본은 동일해요. 오직 말씀과 기도에 전념하면 하나님의 역사가 일어난다는 거예요. 지금 한국 교회에 절실히 필요한 것은 그런 기본과 본질로 돌아가는 거예요. 성경에 기초해서, 이 글에서 제안한 10가지 패러다임 전환의 방향성에 대해 확신을 가지고, 각 교회에 적합한 방식으로 적용해보기를 바랍니다.

패러다임 전환이 물론 시작이지만, 솔직히 그것만으로는 부족한 것이 많아요. 아무리 좋은 정책과 전략이 나와도 현장에서 다음세대 사역이 활성화되려면 사람과 재정이 뒷받침되어야 하니까요. 정책과 전략이 좋다고 해서 모든 사역이 건강하게 세워지는 것도 아니에요. 결국은 사람입니다. 다양한 섬김을 감당할 사람에 집중해야 해요. 그런 사람을 세워가기 위해 교회의 재정을 조정하여서 적극적으로 사람을 살리고 키우는 구조로 재편할 필요가 있어요. 교사 양성과 훈련에 집중하는 동시에, 교사들의 영성 계발을 아낌없이 지원하고 지지하도록 재정적으로도 뒷받침해야 합니다.

교회의 재정을 사용하는 중심에 다음세대 사역이 자리하고 있어야 합니다. 적어도 교회 전체 재정의 15-25퍼센트를 다음세대와 청년을 키우는 일에 쓸 필요가 있어요. 가정은 교육에 가장 많은 투자와 지원을 하지요. 교육이 자녀의 미래이기 때문이에요. 교회도 마찬가지예요. 다음세대를 살리고 키우고 세우는 일에 지원과 지지를 아낌없이 해주어야 해요. 교회 안에서 다음세대와 청년의 비율이 높아지기를 원하는 만큼 재정 지원의 비율을 높여야 하는 것이죠. 다음세대가 다양한 창조적 실험과 시도를 하기 위해서는 실제적으로 지원과 지지가 있어야 하기 때문이에요.

전쟁터에서 실탄 공급도 없이 싸우라는 것은 패배하고 죽으라는 소리이지요. 실탄뿐 아니라 각종 군수물자를 공급하는 것이 필수예요. 아무리 좋은 전략을 세워도 실제 전투에서 필요한 것은 적절한 무기와 양식이니까요. 다음세대 사역자들에게 필요한 것도 그것이지요. 교회학교를 통해 다음세대가 세워지기 원한다면, 그에 상응하는 지지와 지원을 해주세요. 여기에 교회가 살 길이 있어요.

안타까운 마음으로, 이 책에서 10가지 제안으로 패러다임의 전환 방향을 나누고, 또 그것을 실제적으로 뒷받침하는 사람과 재정의 문제까지 나누었어요. 그러나 역시 다음세대를 세우기 위한 최고의 가치는 복음과 하나님 나라랍니다. 시대나 문화를 넘어서서 복음과 하나님 나라는 여전히 강력한 생명력이 있기 때문이에요. 문제는 우리가 그 생명력을 가지고 있는가 하는 것이지요.

어쩌면 상황과 환경보다 더 절실히 필요한 것은 복음에 대한 확신과 하나님 나라에 대한 선명한 소망이라고 저는 봅니다. 예수님이 피로 값 주고 사신 교회인 우리 자신이 생명력으로 충만해진다면, 어떤 상황이든지 복음은 사람을 바꾸고 세상을 변화시키는 능력이 있음을 믿으세요. 그럴 때 우리를 통해, 우리가 가는 곳곳에서 하나님의 나라가 임하리라고 확신해요.

기억하세요! 지금은 변화의 파도를 탈 때입니다.